Weitere Titel siehe letzte Seite.

Ein WAS IST WAS Buch

Die Sonne

Von Dr. Erich Übelacker

Illustriert von Anne-Lies Ihme, Wolf Rustmeier
und Gerd Werner

Tessloff Verlag · Hamburg

Vorwort

Unsere Sonne ist in letzter Zeit durch Energiekrisen und Umweltdiskussionen, aber auch durch phantastische Neuentdeckungen der Wissenschaft in den Mittelpunkt des Interesses gerückt. Sie ist vor Jahrmilliarden, zusammen mit ihren Planeten, aus einer großen Gas- und Staubwolke entstanden. Obwohl sie für uns zweifellos der wichtigste Stern ist, nimmt sie unter ihren 200 Milliarden Geschwistern in der großen Sternenfamilie, die wir Milchstraße nennen, keinerlei Sonderstellung ein. Die Sonne ist weder im Zentrum des Weltalls, noch besonders groß oder klein. Es gibt viel heißere, massereichere, ältere oder jüngere Sterne als unsere Sonne, die mit ihren Leistungen im Universum nur Durchschnitt ist. Gemessen an irdischen Dimensionen hat sie unvorstellbare Ausmaße und erzeugt in jeder Minute gigantische Energiemengen, von denen ein winziger Bruchteil von unserer Erde aufgefangen wird. Ein einziger Quadratmeter der Sonne strahlt etwa so stark wie eine Million Glühbirnen, in jeder Sekunde verbraucht sie viele Millionen Tonnen Kernbrennstoff und kann doch über 10 Milliarden Jahre lang leuchten und uns mit Energie versorgen. Die Sonne ist so groß, daß man 1,3 Millionen Erdkugeln in sie hineinfüllen könnte und sendet in nur 28 Minuten mehr Energie zur Erde, als die Menschheit in einem ganzen Jahr verbrauchen kann. Diese Sonnenenergie wird für spätere Generationen von größter Bedeutung sein, wenn Begriffe wie Erdöl, Kohle oder Uran nur noch in Geschichtsbüchern zu finden sein werden.

Seitdem es Menschen gibt, haben sie die Sonne beobachtet, gefürchtet, als Gott verehrt und als Zeitmesser benutzt. Etwa seit dem 17. Jahrhundert wird unser strahlendes Tagesgestirn wissenschaftlich erforscht, und besonders in den letzten Jahrzehnten haben wir durch moderne Forschungsinstitute und Raumfahrt ein völlig neues Sonnenbild erhalten. Dieses Buch will einen kleinen Einblick in das große und faszinierende Gebiet der Sonnenforschung geben und viele Fragen über Sonnenflecken, Polarlichter, magnetische Stürme, Sonnenenergie und Sonnenwind beantworten.

Dr. Erich Übelacker

Bildquellennachweis: Internationales Bildarchiv, Art Reference, Archiv für Kunst und Geschichte, Cosmic Artist Katsuaki Iwasaki, Ingrid Küster-Wasow, H. Nöldeke, V-Diaverlag Heidelberg, Hansen Planetarium Salt Lake City, Planetarium Hamburg, Gesellschaft für Volkstümliche Astronomie Hamburg.

ISBN 3 7886 0416 6

Inhalt

Die Sonne, Quelle des Lebens

Wie dachten unsere Vorfahren über die Sonne?

Schon lange vor unserem technisch-wissenschaftlichen Zeitalter haben Menschen die Sonne beobachtet, als Zeitmesser benutzt, ihre lebenspendende Bedeutung erkannt, sie als Gottheit verehrt und gefürchtet. Die ältesten Kultstätten der Menschheit sind meist nach Auf- und Untergang unseres Tagesgestirns zu Frühlings- oder Sommeranfang ausgerichtet. Eines der bedeutendsten Bauwerke dieser Art ist der gewaltige Steinkranz von Stonehenge in England, für den bis zu 48 Tonnen schwere und 8 Meter hohe Brocken 30–225 km weit transportiert wurden – und das etwa um 1600 vor Christus! Vom Zentrum des gewaltigen Steinkreises aus gesehen, geht die Sonne am 21. Juni genau über einem 80 Meter entfernten Felsblock auf. Einige Wissenschaftler halten Stonehenge auch für einen Steinzeitcomputer zur Finsternisberechnung, da die Verbindungslinien zwischen einzelnen Steinen auf bestimmte Auf- und Untergangspunkte von Sonne

Stonehenge, Sonnenheiligtum und Steinzeitcomputer.

Viele Nationalflaggen, wie hier die japanische, zeigen die Sonne oder Sonnensymbole.

und Mond hinweisen. Dies wiederum ermöglichte vielleicht eine Vorhersage von Finsternissen.

Ostern, eines der ältesten Feste der Menschheit, ist eigentlich ein Sonnenfest; das Wort „Ostern" kommt vom Ostpunkt, an dem die Sonne zu Frühlingsanfang aufgeht. Entsprechend geht das Weihnachtsfest auf die Wintersonnenwende zurück, die bei den Römern am 25.12. gefeiert wurde.

Im alten Ägypten hatte der Sonnengott Re eine übermächtige Stellung, der Pharao Echnaton machte die Sonnenscheibe sogar selbst zum Gott.

Bei den alten Griechen fuhr täglich der Sonnengott Helios in seinem Sonnenwagen, von herrlichen Rössern gezogen, über den Himmel.

Fern von Europa und Asien verehrten auch die amerikanischen Mayas, Inkas und Azteken Sonnengötter, denen sogar Menschenopfer gebracht wurden.

Auch im 20. Jahrhundert trifft man, was die Sonne anbelangt, oft auf für uns unverständliche Vorstellungen und Bräuche. Noch 1973 begingen in Afrika bei einer totalen Sonnenfinsternis viele Menschen Selbstmord, da sie dieses an sich völlig harmlose Naturereignis für einen Weltuntergang hielten. 1980 be-

Der ägyptische Pharao Echnaton, hier mit seiner Gattin Nofretete, verehrte die Sonne als Gott.

In solchen Gas- und Staubwolken entstehen Sterne und Planetensysteme.

schossen indische Polizisten den Mond, der die Sonne bedeckte, mit Pistolen und Gewehren. Auch in der leider nicht ausrottbaren Astrologie spielt die Sonne seit Jahrtausenden eine große Rolle.

War die Sonne schon immer da?

Unsere Sonne leuchtet und strahlt schon seit vielen Milliarden Jahren. Aber auch sie ist, wie alles in der Natur, einmal entstanden. Heute weiß man, daß sie sich zusammen mit ihren Planeten aus einer großen kühlen Wolke aus Gas und Staub gebildet hat. Diese zunächst etwa kugelförmige Wolke zog sich zusammen und drehte sich dabei immer schneller. Durch Fliehkräfte verformte sie sich zu einer Scheibe. Im Zentrum dieser Scheibe ballte sich fast die ganze Materie der Wolke zu einer großen Kugel zusammen. Daraus sollte die Sonne entstehen. In den Randbereichen der Scheibe bildeten sich kleinere Himmelskörper, die Planeten und Monde. Die werdende Sonne war zunächst kühl, sie zog sich jedoch immer mehr zusammen und wurde dabei immer heißer, bis in ihrem Inneren die Temperatur schließlich mehrere Millionen Grad betrug. Erst jetzt wurden die Voraussetzungen für ein jahrmilliardenlanges Sternleben geschaffen: Die junge Sonne begann in ihrem heißen Kern Atomenergie zu erzeugen. Ein neuer Stern war geboren, nur einer von Milliarden. Doch dieser Stern hatte einen ganz außergewöhnlichen Planeten, auf dem sich mit Hilfe der Sonne die herrliche Vielfalt des Lebens bilden sollte: unsere Erde.

1

2

3

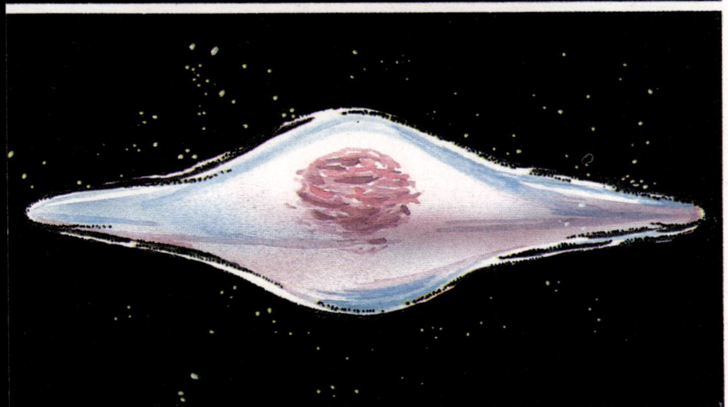

4

5

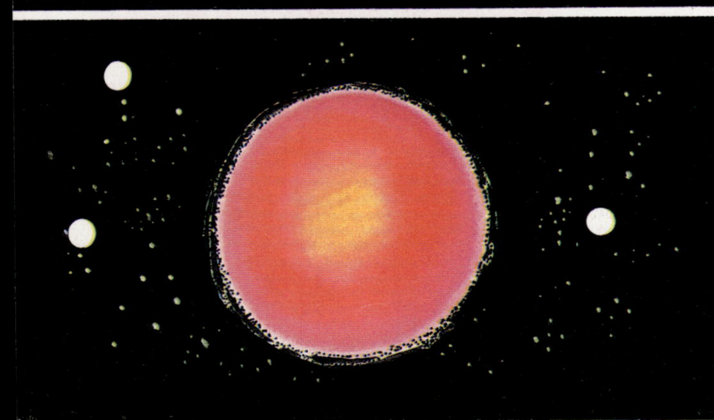

Bildung des Sonnensystems:

Das ganze Sonnensystem, zu dem ja auch Erde und Mond gehören, bildete sich aus einer großen Wolke aus Gas und Staub (1).

Diese zog sich zusammen und drehte sich dabei immer schneller (2).

Durch die dabei auftretenden Fliehkräfte plattete sich das ganze Gebilde zu einer Scheibe ab (3).

In der Mitte bildete sich eine große Verdichtung (4).

Daraus wurde die Sonne. In den äußeren Bereichen bildeten sich Planeten und Monde, das Planetensystem bekam langsam sein heutiges Aussehen (5).

Wie kam das Leben auf die Erde?

In der ersten Zeit nach der Entstehung des Sonnensystems vor rund fünf Milliarden Jahren war die Erde völlig unbewohnbar.

Ihre Oberfläche war glutflüssig, es gab kein Wasser und keine Luft. Ganz langsam kühlte sich unser Planet ab und bekam eine feste Kruste. Aus Tausenden von Vulkanen, Ritzen und Spalten quollen Gase empor und bildeten die erste Atmosphäre, in der sich neben vielen anderen Stoffen auch Wasserdampf befand. Die Temperatur fiel und fiel, in gewaltigen Wolkenbrüchen stürzte das Wasser auf die noch heiße Oberfläche, um wie auf einer Herdplatte gleich wieder zu verdampfen. Später, nach weiterer Abkühlung, bildeten sich die ersten, noch kochend heißen Ozeane, deren Temperaturen ganz langsam absanken. Diese völlig unwirtliche Umwelt wurde ununterbrochen von der Sonne bestrahlt. Dadurch wurde die Abkühlung der Erdoberfläche schließlich gestoppt, die Meere blieben flüssig, erstarrten nicht zu Eis und konnten so zur Heimat der ersten Lebewesen werden. Energiereiche Sonnenstrahlen, aber auch Blitze zerbrachen immer wieder die einfachen Gasteilchen in der Lufthülle. Aus ihren Bruchstücken bildeten sich immer komplizierte Stoffe, die Grundbausteine des Lebens. So entstanden z.B. die sogenannten Aminosäuren, aus denen sich später das tierische und pflanzliche Eiweiß bilden sollte. Mit der Zeit formten sich immer größere Lebensbausteine, sogenannte Riesenmoleküle, die in den Urozeanen Schutz und Geborgenheit fanden und sich schließlich zu den ersten Kleinlebewesen zusammenfügen konnten. Die Erde war mit Hilfe der Sonne zum Planeten des Lebens geworden. Einige Wissenschaftler nehmen allerdings an, daß Lebensbausteine oder gar Kleinlebewesen aus dem Weltall auf die Erde gelangt sind. Dies ist nicht ganz unmöglich, aber doch sehr unwahrscheinlich.

Könnten wir heute ohne die Sonne auskommen?

Wenn die Sonne verlöschen würde, so wäre schon nach wenigen Wochen auf der Erde keinerlei Leben mehr möglich. Nur die Sonne kann unseren Planeten so erwärmen, daß die Temperaturen erträglich bleiben und Wasser und Luft nicht zu Eispanzern erstarren. Nur die Sonnenwärme kann das Wasser der Ozeane verdampfen und als lebenspendenden Regen zu den Kontinenten leiten. Die Pflanzen sind nur mit Hilfe der Sonnenstrahlen in der Lage, zu wachsen und uns mit Nahrung zu versorgen. Wir brauchen uns jedoch keine Sorgen zu machen, daß uns unser Tagesstern im Stich läßt. Die Wissenschaftler haben herausgefunden, daß die Sonne noch viele Jahrmilliarden leuchten und Leben spenden kann.

Unser Planet vor 4,6 Milliarden Jahren. Die Urozeane werden zur Heimat der ersten Lebewesen. Erst viel später faßte das Leben auch an Land Fuß.

Die Pflanzen können mit Hilfe von Sonnenenergie wachsen und uns mit Nahrung versorgen.

Kann die Sonne unsere heutigen Energieprobleme lösen?

Während Kohle und Öl zur Neige gehen und die Uranvorräte für die Kernkraftwerke auch begrenzt sind, liefert uns die Sonne einen unvorstellbaren Energieüberfluß: In jeder Sekunde erhält unser Planet rund 50 Milliarden Kilowattstunden Sonnenenergie, was der Leistung von 150 Millionen großen Kraftwerken entspricht. 0,005 Prozent der uns jährlich zufließenden Sonnenenergie würden ausreichen, den gesamten Energiebedarf der Menschheit zu decken, wobei nur ein halbes Millionstel der Sonnenstrahlung die Erde überhaupt trifft. Die Sonne erwärmt seit Jahrmilliarden unseren Planeten, macht das Wasser flüssig und Luft gasförmig, bringt die Atmosphäre in Wallung, verdunstet riesige Wassermassen, baut jedes Jahr Hunderte von Milliarden Tonnen Pflanzenmasse auf und hat irgendwann die Energie geliefert, die heute in Kohle und Erdöl steckt.

Sollte es bei diesen schwindelerregenden Zahlen nicht eine Kleinigkeit sein, mit Hilfe der Sonne unsere Energie- und Umweltprobleme zu lösen? In der Tat bieten sich viele Möglichkeiten, die Sonnenquelle anzuzapfen: Kollektoren auf den Dächern können für heißes Wasser sorgen, Sonnenkraftwerke und Solarzellen umweltfreundlichen Strom liefern. Die Herstellung von Wasserstoff aus Wasser und die Erzeugung von Biomasse, also der Aufbau von Pflanzensubstanz zu Heiz- und Treibstoffzwekken, wären weitere Möglichkeiten. Auf

Einige Möglichkeiten, die Sonnenenergie nutzbar zu machen.

der anderen Seite benötigen Sonnenenergieanlagen riesige Flächen und viele Rohstoffe, sind extrem teuer und anfällig und haben eine geringe Energieausbeute. Immerhin könnte ein großer Teil unseres Energiebedarfs später einmal durch die Sonnenstrahlung gedeckt werden, besonders in warmen Ländern, in denen die Sonne regelmäßig scheint und mittags auch im Winter noch verhältnismäßig hoch steht. Jede Tonne Öl, die wir dadurch weniger verbrauchen, bleibt unseren Nachkommen erhalten und belastet die Umwelt nicht. Im Jahr 2030 werden allerdings erst etwa 6 % unseres Energiebedarfs von der Sonne gedeckt werden, 2130 könnten es, wenn wir unsere Techniken verbessern, schon 70 % sein. Vielleicht gelingt es unseren Nachfahren, ein Zeitalter ohne Waldsterben und verseuchte Flüsse, ohne Atommüll und Smog zu schaffen, in dem die Sonne wieder ihre alte Rolle als Lebenspenderin spielt.

Sonne und Erde im Weltall

Wie weit ist die Sonne entfernt?

Unsere Erde umkreist die Sonne in einer mittleren Entfernung von 149,6 Millionen Kilometern. Dies ist eine ideale Entfernung für einen bewohnten Planeten, da es bei uns für Lebewesen weder zu warm noch zu kalt ist. Die Sonne ist rund 400mal weiter entfernt als der Mond, allerdings auch 400mal größer als dieser, so daß uns beide Gestirne am Himmel etwa gleich groß erscheinen. Die Sonnenentfernung ist so gewaltig, daß ein Fußgänger 4400 Jahre, ein Intercityzug 166 und ein Jumbo-Jet 22 Jahre unterwegs wären, um diese Strecke zurückzulegen. Selbst ein Licht- oder Radarsignal, das Schnellste, was es in der Natur gibt, läuft noch 8,3 Minuten bis zur Sonne, obwohl sich das Licht mit 300 000 km/sec. ausbreitet! Wenn man sich die Sonne als Fußball vorstellt, dann ist die Erde ein etwa 3 mm großes Kügelchen in rund 30 m Entfernung. So groß die Sonnenentfernung für uns Menschen ist, so winzig ist sie, gemessen an den Ausmaßen des Weltalls. Die nächste Nachbarsonne ist 270 000mal weiter entfernt als unser eigener Zentralstern.

Ändert sich der Abstand Erde–Sonne?

Der Abstand der Erde von der Sonne ändert sich. Einmal jährlich läuft die Erde um die Sonne herum. Ihre Bahn ist jedoch nicht genau kreisförmig, sondern eine Ellipse. Bei dieser Bahnform ändert sich die Entfernung Erde – Sonne im Laufe eines Jahres. In Sonnennähe (Perihel) beträgt sie 147,1 Millionen, in Sonnenferne (Aphel) 152,1 Millionen Kilometer. Die mittlere Entfernung von rund 149,6 Millionen Kilometern ändert sich dagegen nicht. Die Erde kann also weder auf die Sonne stürzen noch deren Anziehungskraft verlassen.

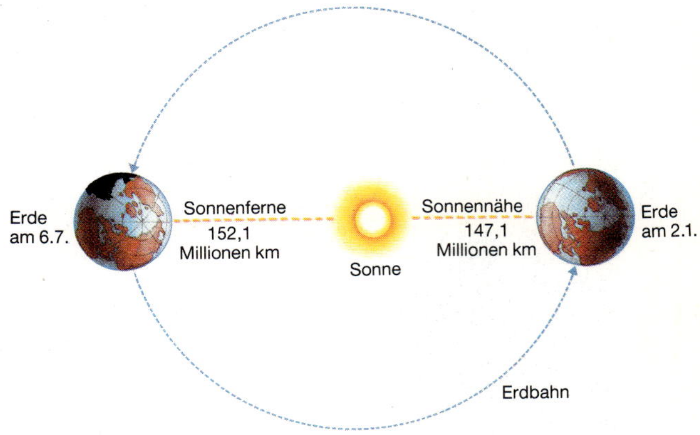

Die Erdbahn ist eine Ellipse. Am 2. Januar steht die Erde der Sonne am nächsten.

Was versteht man unter der Ekliptik?

Wenn sich die Erde um die Sonne dreht, so steht diese für uns jeden Tag in einer anderen Richtung. Im Laufe des Jahres bewegt sich die Sonne scheinbar durch die Sternbilder Schütze, Steinbock, Wassermann, Fische, Widder, Stier, Zwillinge, Krebs, Löwe, Jungfrau, Waage, Skorpion und

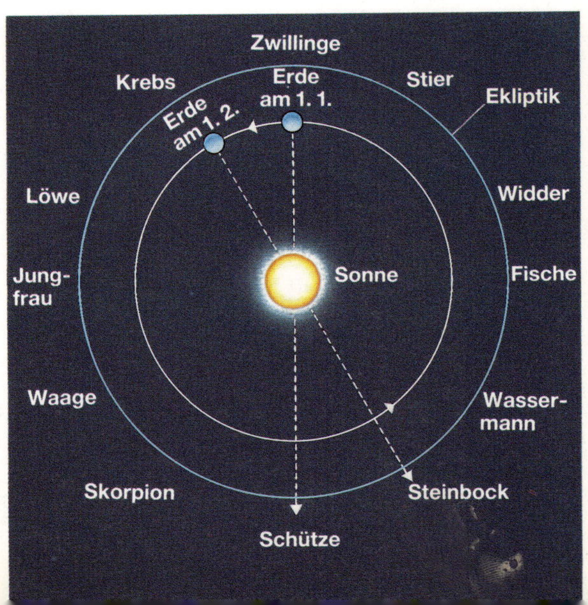

Die Erde umkreist die Sonne einmal jährlich. Für uns scheint sich dadurch die Sonne durch die Tierkreissternbilder zu bewegen. Am 1.1. steht sie zum Beispiel im Schützen, am 1.2. im Steinbock. Die scheinbare Sonnenbahn nennt man Ekliptik.

Schlangenträger. Diese scheinbare Sonnenbahn am Himmel nennt man Ekliptik, die dabei durchlaufenen Sternbilder heißen Tierkreis- oder Ekliptiksternbilder. Am 1. Januar steht die Sonne beispielsweise im Schützen, dessen Sterne man dann nicht sehen kann, da das Sternbild mit der Sonne zusammen am Tageshimmel steht und von dieser überstrahlt wird.

Warum geht die Sonne auf und unter?

Früher glaubten die Menschen, die Sonne würde sich einmal täglich um die Erde drehen. Man stellte sich z.B. vor, ein Sonnengott würde Tag für Tag in einem goldenen Wagen von Ost nach West über den Himmel fahren und abends hinter dem Horizont verschwinden. In Wirklichkeit geht die Sonne gar nicht selbst auf und unter.

Unsere Erde dreht sich einmal täglich um sich selbst, genauer gesagt um ihre Achse, die gedachte Linie zwischen Nord- und Südpol. Ein bestimmtes Gebiet, z.B. Deutschland, ist dadurch einmal auf der Sonnenseite, dann wieder auf der unbeleuchteten Hälfte der Erde. Es ist dann bei uns „Nacht“. Am frühen Morgen drehen wir uns in Richtung Sonne, bis sie schließlich am Horizont erscheint. Man sagt dann, „sie geht auf“. Am Abend drehen wir uns wieder von der Sonne weg, sie „geht unter“.

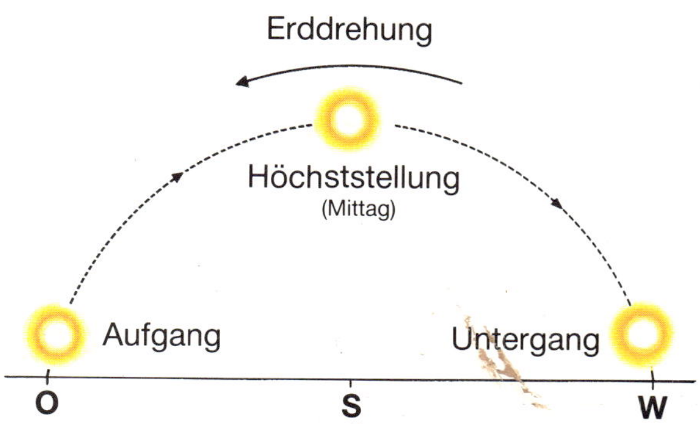

Die Erde dreht sich von West nach Ost. Dadurch wird uns vorgetäuscht, die Sonne würde sich um uns von Ost nach West bewegen.

Früher stellte man sich die Sonne als Gott vor, der jeden Tag von Ost nach West über den Himmel fährt.

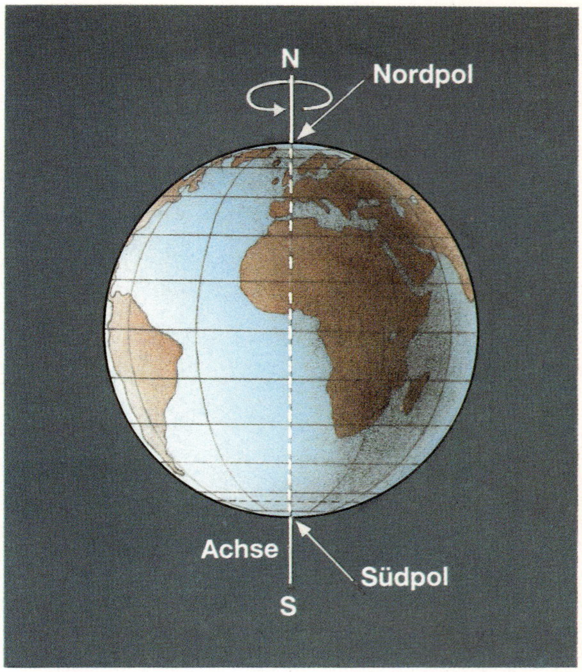

Die Erde dreht sich um ihre Achse, die Linie zwischen Nord- und Südpol.

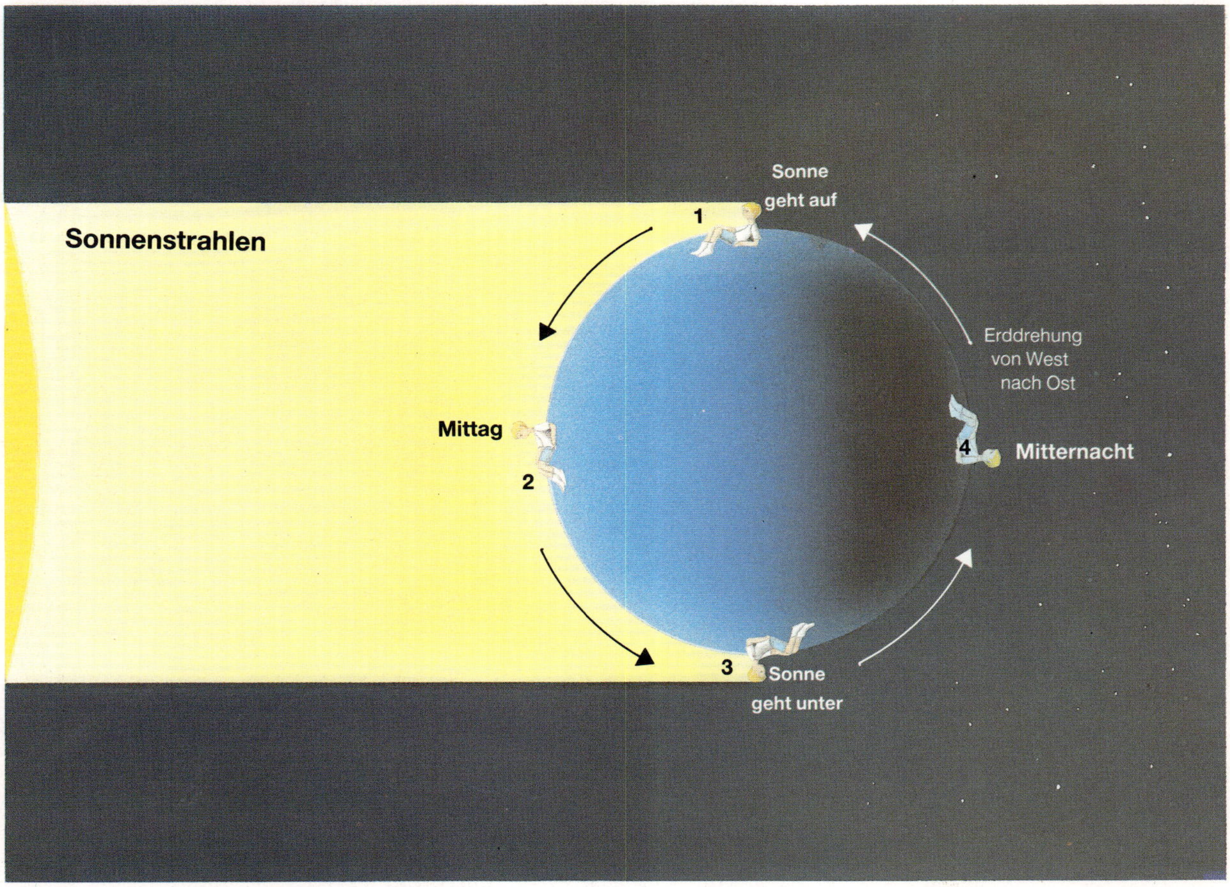

Die Erde dreht sich etwa einmal in 24 Stunden um sich selbst. Für den Beobachter 1 geht die Sonne auf, für 2 ist Mittag, für 3 Sonnenuntergang und für 4 tiefe Nacht.

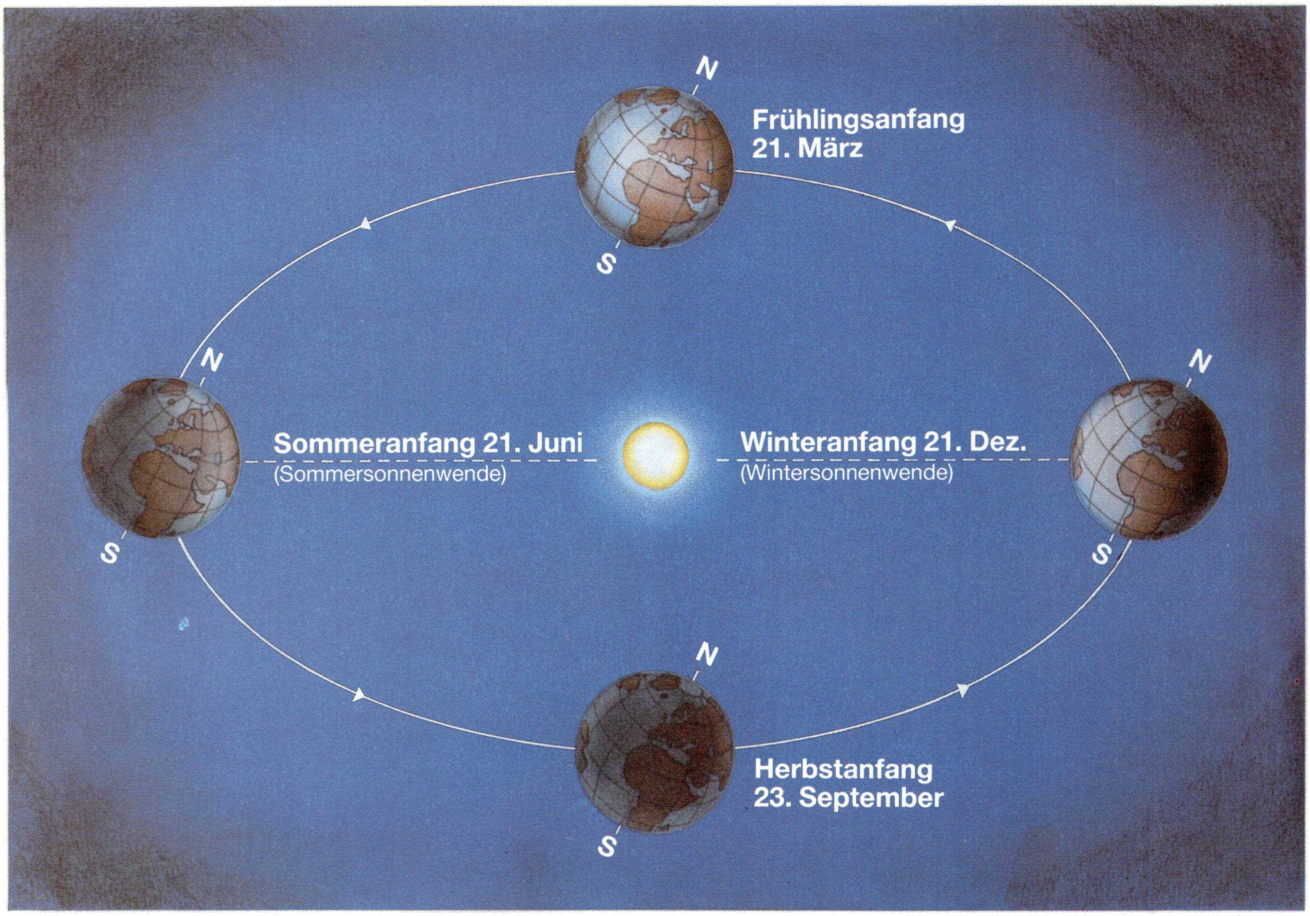

Die Jahreszeiten kommen durch die Neigung der Erdachse zustande. Im Sommer ist die Nordhalbkugel zur Sonne hingeneigt. Wir bekommen viel Licht und Wärme. Im Winter ist es umgekehrt. Wir wenden uns von der Sonne ab.

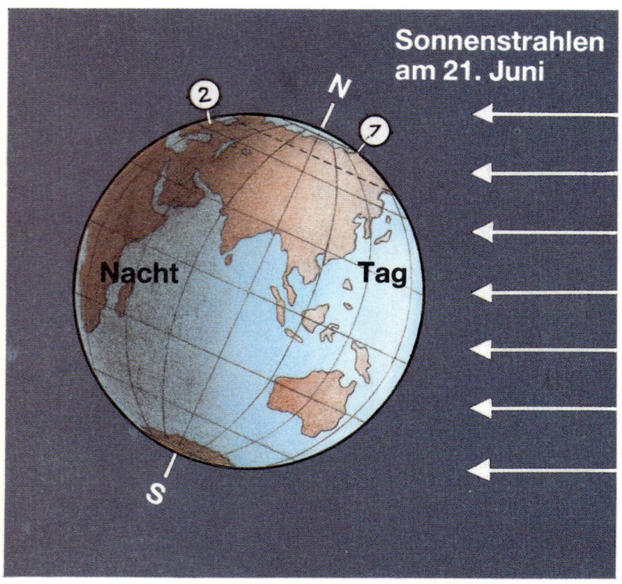

Sommeranfang auf der Nordhalbkugel. Ein Beobachter in der Polargegend (1) hat rund um die Uhr Sonne (Mitternachtssonne). Mitteleuropa (2) ist lange auf der Tag- und kurz auf der Nachtseite.

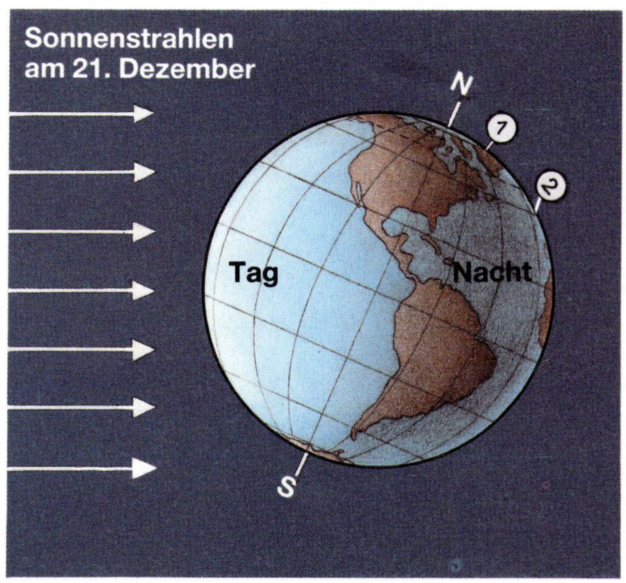

Winteranfang auf der Nordhalbkugel. Ein Beobachter in der Polargegend (1) erreicht nie die Tagseite der Erde (Polarnacht). Mitteleuropa (2) ist lange auf der Nacht- und kurz auf der Tagseite.

Die Erdachse steht nicht senkrecht auf der Erdbahn, sondern ist geneigt. Abgesehen von langfristigen Änderungen behält die Achse diese Schrägstellung bei, zeigt also immer in dieselbe Richtung. Im nördlichen Sommer ist die Nordhalbkugel, auf der wir leben, zur wärmenden Sonne hingeneigt. Wir bekommen dann viel Licht und Wärme, die Sonne steht mittags hoch am Himmel, und die Tage sind lang. Im Winter wenden wir uns von der Sonne ab und bekommen viel weniger Sonnenstrahlung. Die Tage sind kurz, die Sonne steht niedrig. Die Jahreszeiten kommen also durch die Neigung der Erdachse, und nicht etwa durch Sonnennähe und Sonnenferne zustande. Im tiefsten Winter, am 2. Januar, steht uns die Sonne ja gerade am nächsten, was aber, gemessen an ihrer niedrigen Mittagshöhe, kaum ins Gewicht fällt.

Wie kommen die Jahreszeiten zustande?

Die für uns günstigste Sonnenstellung wird zu Sommeranfang am 21. oder 22. Juni erreicht. Dennoch sind die Monate Juli und August im Norden die wärmsten des Jahres, da Ozeane, Luft und Boden nur langsam aufgeheizt und die höchsten Temperaturen erst einige Zeit nach dem Sonnenhöchststand erreicht werden.

Mittags erreicht die Sonne im Süden ihre Höchststellung. Man kann allerdings leicht feststellen, daß sie gar nicht überall um 12 Uhr genau über dem Südpunkt steht. Unsere Uhr zeigt nämlich die mitteleuropäische Zeit (MEZ) an, die sich nicht exakt nach dem wahren Sonnenstand am Beobachtungsort richtet. Wenn die Sonne genau über dem Südpunkt ihre höchste Stellung erreicht hat, so sagen wir, es ist 12 Uhr wahre Ortszeit (WOZ). In diesem

Steht die Sonne um 12 Uhr mittags genau im Süden?

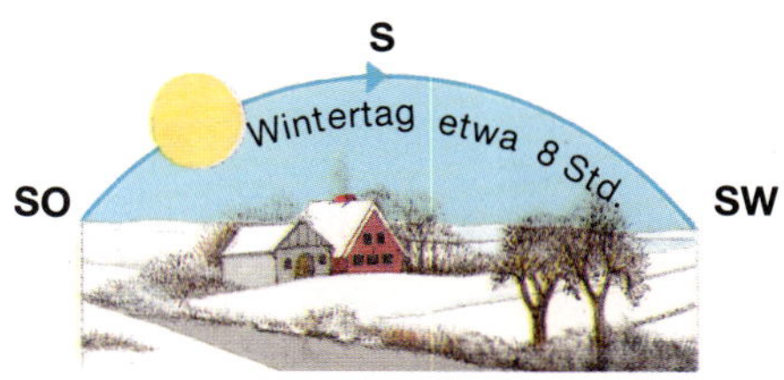

Von Mitteleuropa aus geht die Sonne im Winter spät im Südosten auf, erreicht eine geringe Mittagshöhe und geht früh im Südwesten unter.

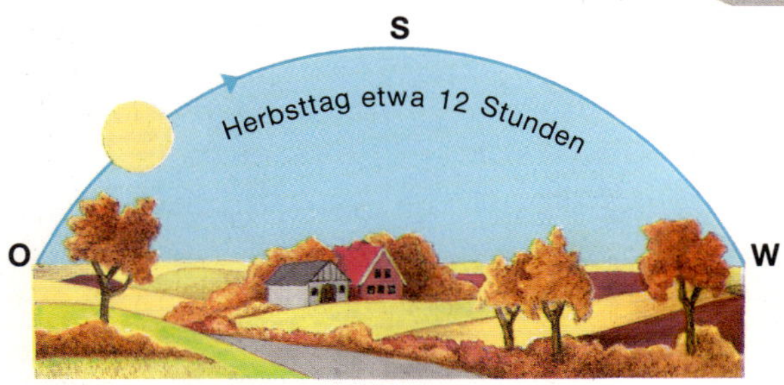

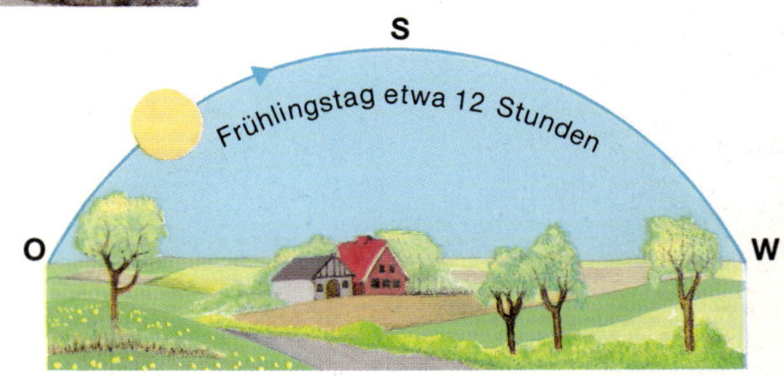

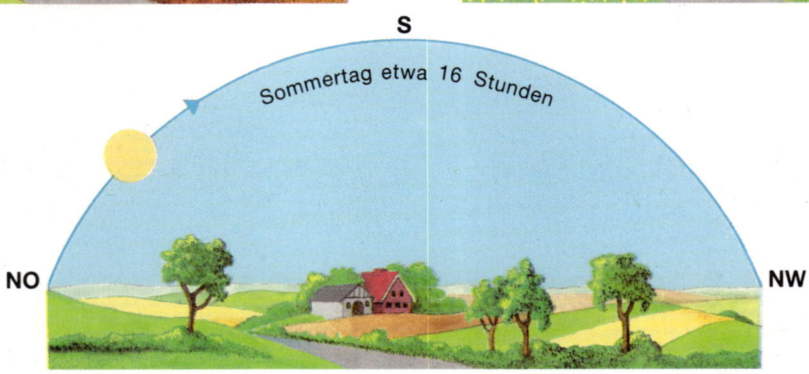

Im Sommer geht sie früh im Nordosten auf, erreicht eine große Mittagshöhe und geht spät im Nordwesten unter.

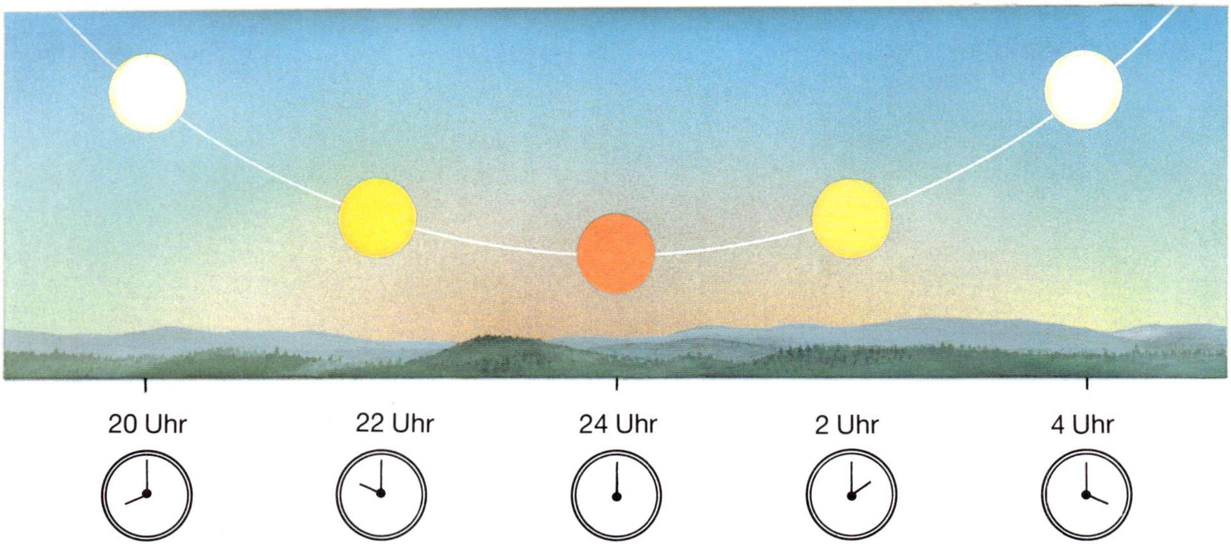

Von polnahen Gebieten aus gesehen geht die Sonne im Sommer auch um Mitternacht nicht unter.

Moment ist der Schatten eines senkrecht stehenden Stabes am kürzesten. Leider scheint wegen verschiedener Unregelmäßigkeiten der Erdbahn die Sonne etwas ungenau zu laufen, so daß sie nicht exakt alle 24 Stunden den Südpunkt erreicht. Man hat daher eine richtig laufende mittlere Sonne erfunden. Wenn diese Sonne genau über dem Südpunkt steht, so ist 12 Uhr mittlere Ortszeit (MOZ). Die Differenz zwischen wahrer und mittlerer Ortszeit nennt man Zeitgleichung. Sie ändert sich im Laufe des Jahres und beträgt zwischen −14,3 und +16,3 Minuten.

Nun hat die Sonne, wenn sie in Hamburg am höchsten steht, in Berlin ihren Höchststand schon überschritten, während sie ihn in Bremen etwas später erreicht. Um in ganz Mitteleuropa die gleiche Uhrzeit zu haben, was z.B. für Fahr- und Flugpläne oder den Beginn der Tagesschau unerläßlich ist, hat man sich darauf geeinigt, daß im ganzen Gebiet die MOZ für 15 Grad östliche Länge gelten soll. Diese Zeit nennt man mitteleuropäische Zeit (MEZ). Im Sommer addiert man noch eine Stunde dazu, so daß die Abende länger und die Morgen kürzer werden. Das ist dann die Sommerzeit. Im Sommer erreicht daher im deutschen Sprachraum die Sonne meist erst nach 13 Uhr ihren Höchststand.

Was ist eine Sonnenfinsternis?

Bei Neumond kann es vorkommen, daß sich der Mond zwischen die Erde und die Sonne schiebt. Die Sonne wird dann vom Mond bedeckt, der Mond wirft also seinen Schatten auf die Erde und erzeugt eine Sonnenfinsternis. Bei einer *totalen Sonnenfinsternis* bedeckt der Mond die Sonnenscheibe ganz, mitten am Tag wird es für einige Minuten stockdunkel, die schwach leuchtende Korona und die hellsten Sterne werden für das bloße Auge sichtbar. Steht der Mond während einer Sonnenfinsternis in Erdferne, so erscheint er uns so klein, daß er die Sonne nicht mehr ganz bedecken kann. Um die dunkle Mondscheibe herum verbleibt ein heller Sonnenring, wir haben eine *ringförmige Sonnenfinsternis*. *Partiell* nennt man eine Finsternis, bei der der Mond die Sonne nicht ganz bedeckt.

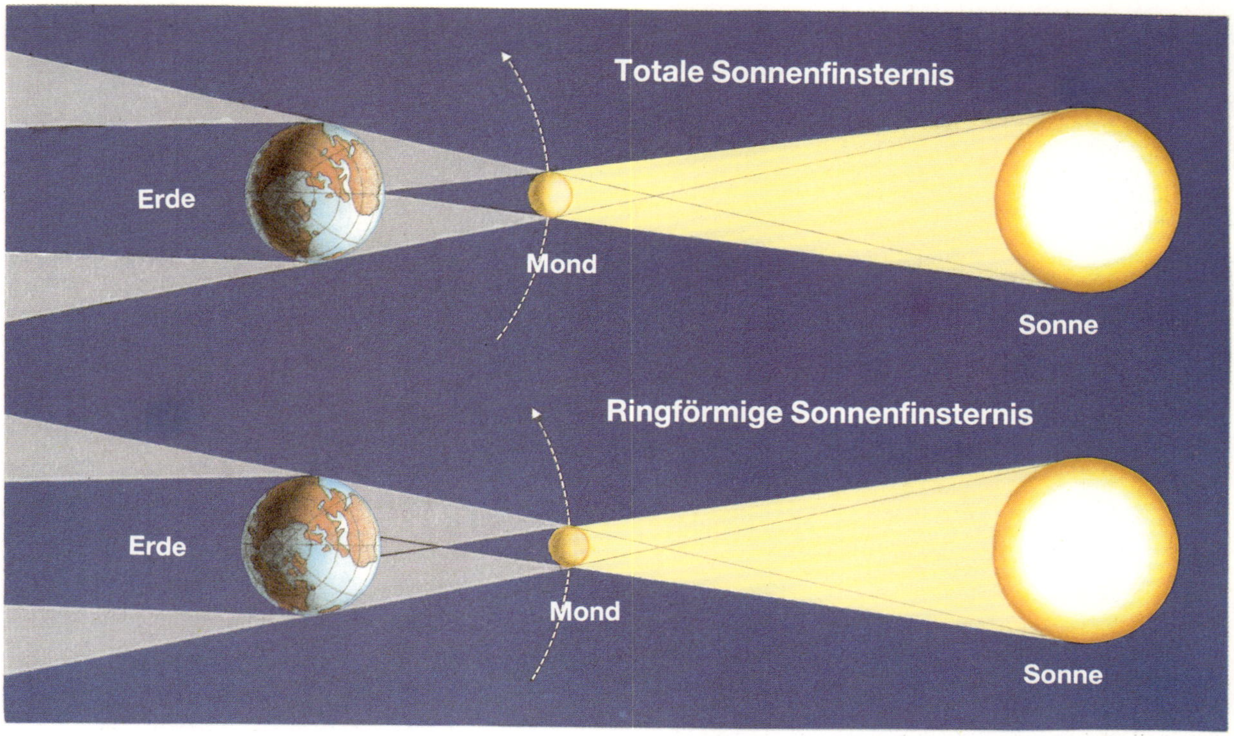

Bei einer totalen Sonnenfinsternis fällt der Kernschatten des Mondes auf die Erde. Die Sonne wird ganz vom Mond bedeckt. Bei einer ringförmigen Finsternis erreicht die Schattenspitze die Erdoberfläche nicht. Um die Mondscheibe herum strahlt ein Sonnenring. Die Abbildung ist nicht maßstabsgerecht.

Eine Sonnenfinsternis verbreitete in früheren Zeiten Angst und Schrecken unter den Menschen.

Meist läuft der Mond über oder unter der Sonne vorbei, so daß wir nicht in jedem Monat eine Sonnenfinsternis erleben. Eine totale Sonnenfinsternis kann nur von einem schmalen Landstrich aus beobachtet werden, so daß zwischen zwei solchen Ereignissen in ein und derselben Stadt oft Jahrhunderte vergehen. Die nächste totale Sonnenfinsternis in Süddeutschland wird am 11. August 1999 sein, in Hamburg ist ein solches Ereignis erst im fernen Jahr 2135 zu beobachten. Man muß meist große Reisen unternehmen, um eine totale Sonnenfinsternis zu erleben, aber der Aufwand lohnt sich, um dieses prächtigste aller Himmelsereignisse sehen zu können.

Verlauf einer totalen Sonnenfinsternis. Die aufgehende Sonne wird langsam vom Mond bedeckt.

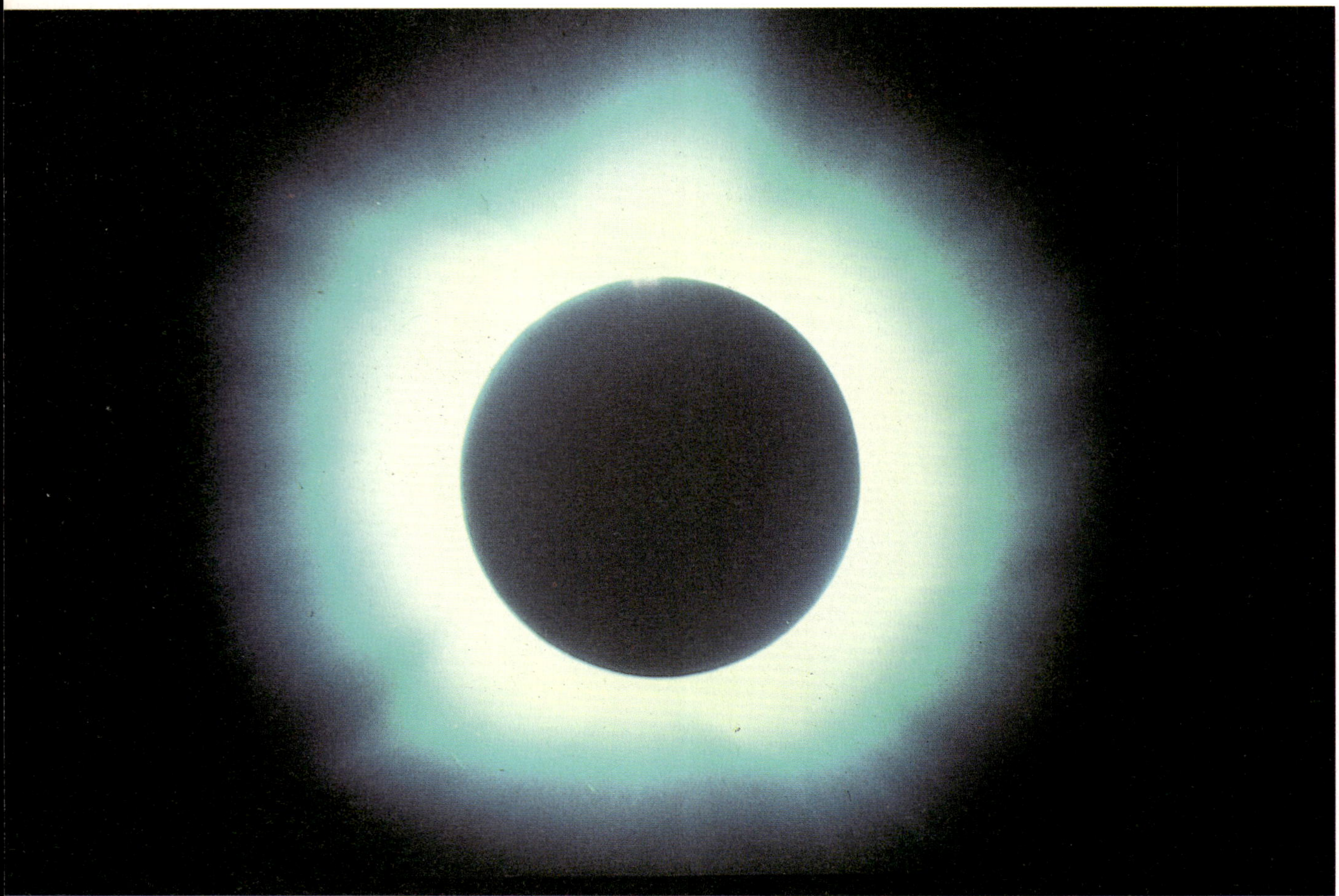

Bei einer totalen Sonnenfinsternis werden die äußeren Schichten der Sonne sichtbar.

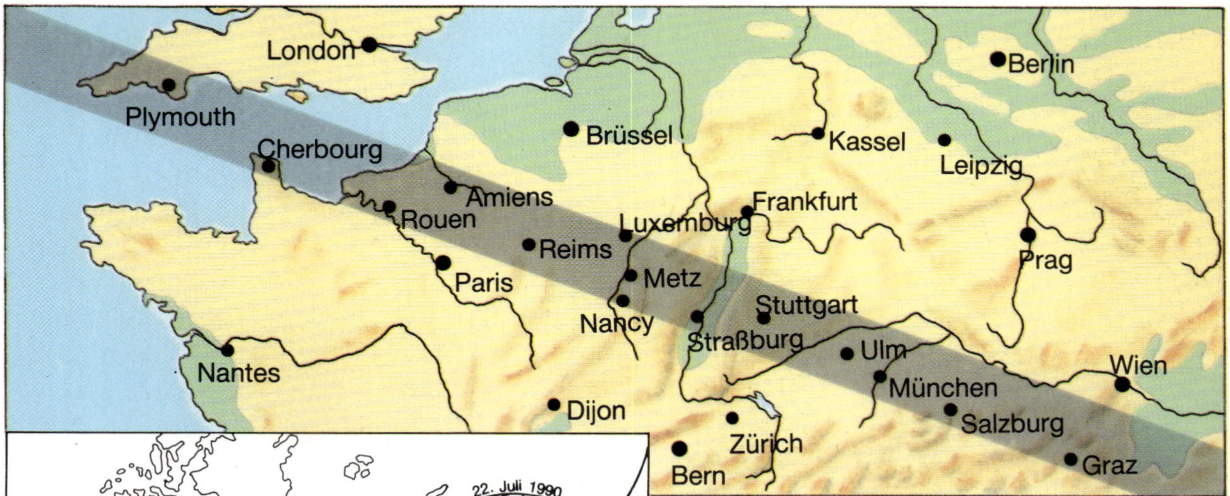

Die im dunklen Streifen liegenden Gebiete erleben am 11.8.1999 das seltene Schauspiel einer totalen Sonnenfinsternis.

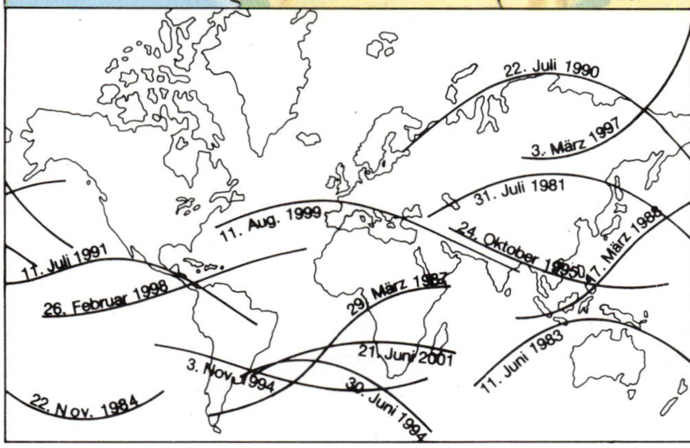

Zonen, in denen bis zum Jahr 2001 totale Sonnenfinsternisse zu sehen sind. Die auf den schwarzen Linien liegenden Gebiete werden hintereinander von West nach Ost vom Mondschatten getroffen.

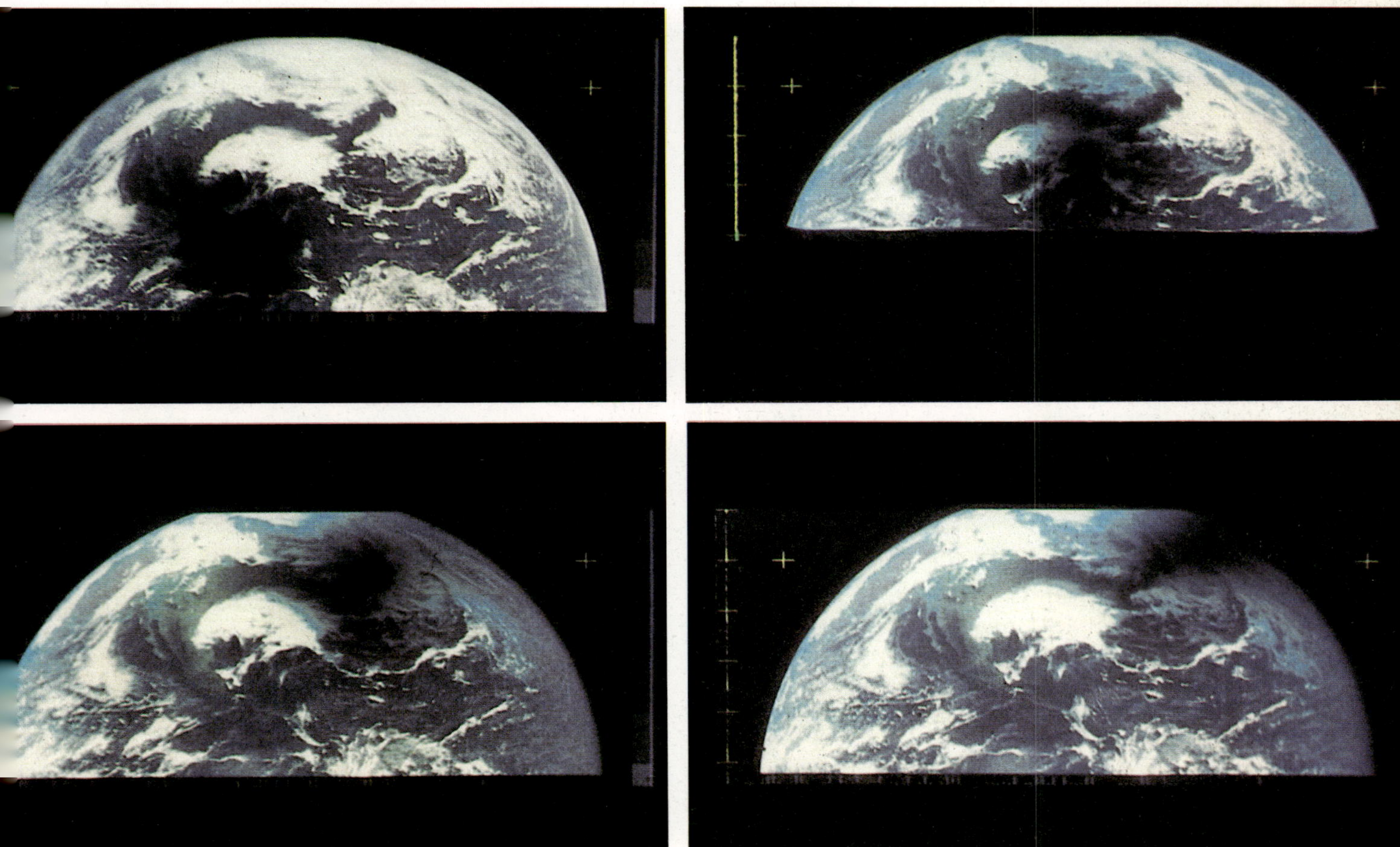

Die Raumstation Skylab fotografierte 1973 den über die Erde wandernden Mondschatten.

Unsere Sonne ist nur einer von 200 Milliarden Sternen der Milchstraße. Sie ist etwa 30 000 Lichtjahre vom Milchstraßenzentrum entfernt und umkreist dieses in 200 Millionen Jahren.

Bewegt sich die Sonne selbst auch?

Unsere Sonne ist nur einer von 200 Milliarden Fixsternen unserer Milchstraße. Sie bewegt sich, zusammen mit ihren Planeten, mit etwa 19,4 km/sec. in die Richtung des hellen Sterns Wega. Die Erdbahn wäre also, von außen betrachtet, eine Spirale um die selbst durch den Raum rasende Sonne. Neben dieser verhältnismäßig langsamen Bewegung unter ihren Nachbarsternen nimmt unsere Sonne aber auch an der Rotation der Milchstraße teil. Sie umkreist mit 250 km/sec. das Milchstraßenzentrum und benötigt für einen einzigen Umlauf 200 Millionen Jahre. Diesen Zeitraum nennt man ein galaktisches Jahr.

Die Sonne bewegt sich mit 19,4 km/sec auf den Stern Wega zu. Die Erdbahn erscheint wie eine Spirale.

Kernenergie für Jahrmilliarden

Wie groß ist die Sonne?

Wie die anderen Fixsterne ist die Sonne eine selbstleuchtende Kugel aus heißem Gas. Sie hat also keine ganz genau abgegrenzte Oberfläche wie etwa die Erde. Der Durchmesser der mit bloßem Auge sichtbaren Sonnenkugel beträgt 1 395 000 km. 109 Erdkugeln, wie auf eine Perlenschnur aufgereiht, würden diese Strecke ergeben. In den feurigen Gasleib der Sonne passen nicht weniger als 1 300 000 Erdkugeln hinein. Auf eine große Waage gelegt, würde die Sonne 330 000mal mehr wiegen als unser Planet. Die Sonne hat damit 99,87 Prozent der Masse des gesamten Sonnensystems: alle Planeten, den riesigen Jupiter mit eingeschlossen, Kometen und Monde teilen sich den kümmerlichen Rest von 0,13 Prozent. Trotz dieser gewaltigen Dimensionen ist die Sonne nur ein ganz durchschnittlicher Stern. Es gibt Fixsterne, die 100 Sonnenmassen haben, andere sind so groß, daß die ganze Erdbahn bequem hineinpassen würde.

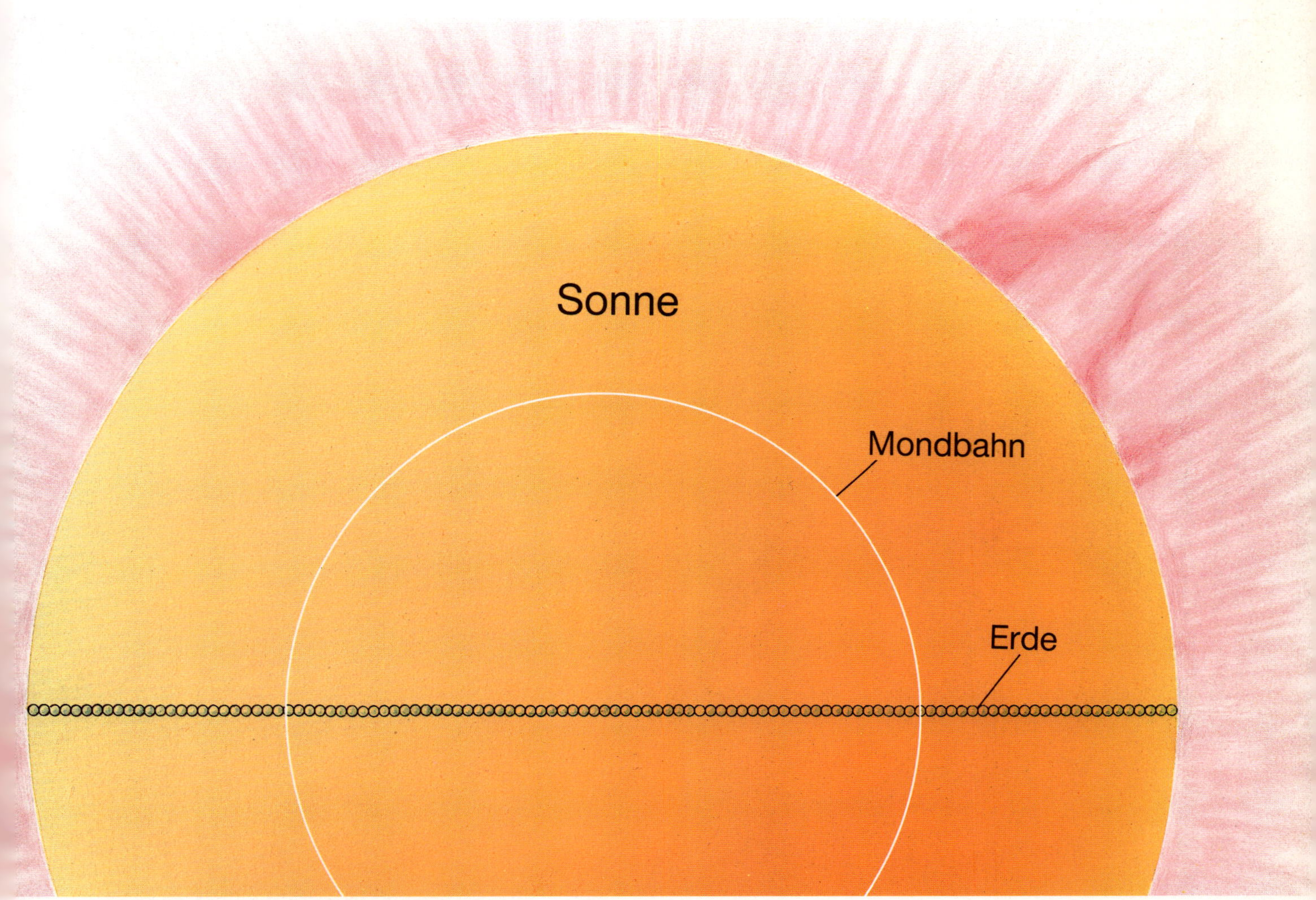

Die Sonne ist so groß, daß man 109 Erdkugeln aneinanderreihen müßte, um ihren Durchmesser zu erhalten. Die ganze Mondbahn hätte bequem in der Sonne Platz.

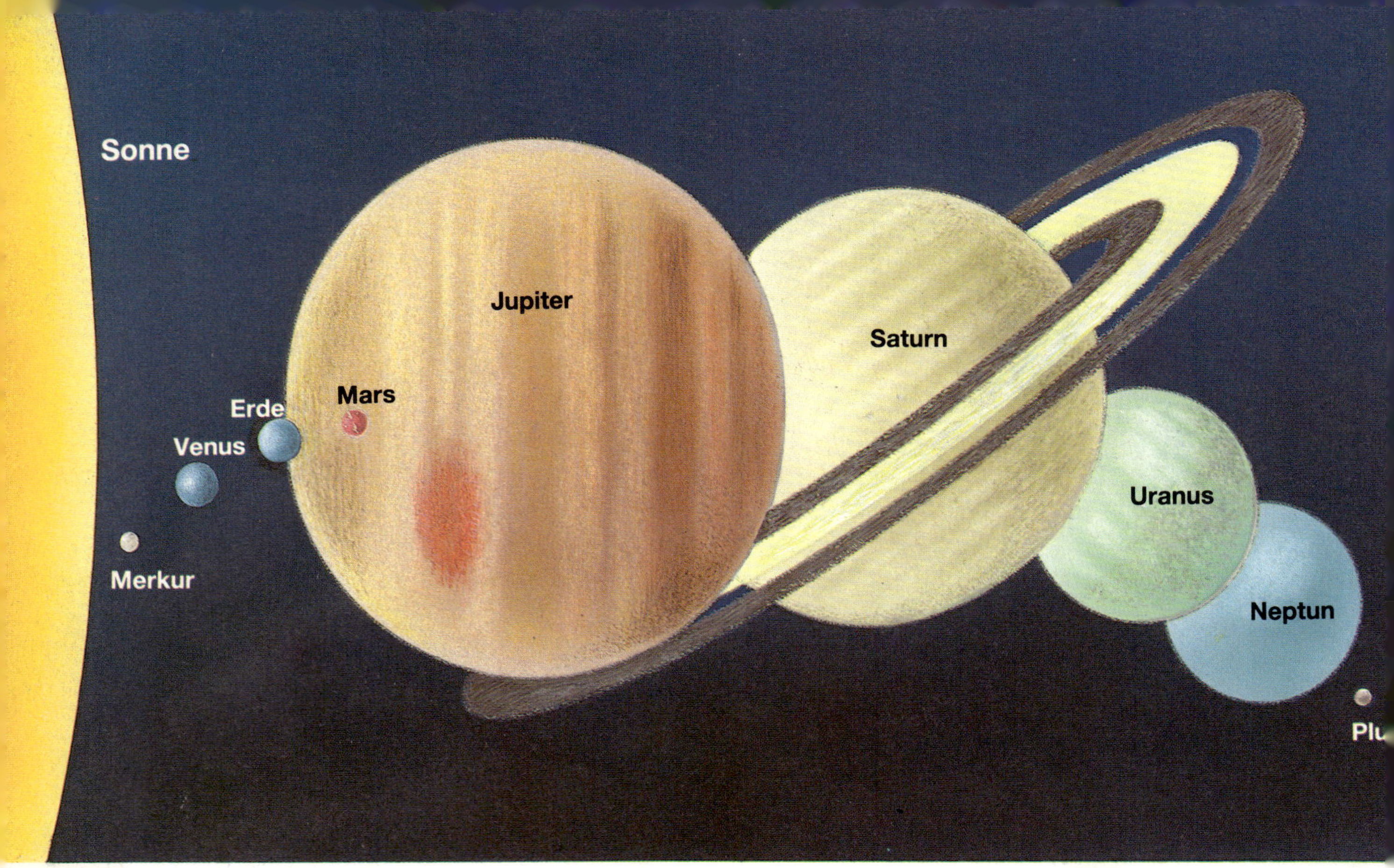

Die Sonne und ihre neun großen Planeten im Größenvergleich.

Es gibt viel größere Sterne als die Sonne.

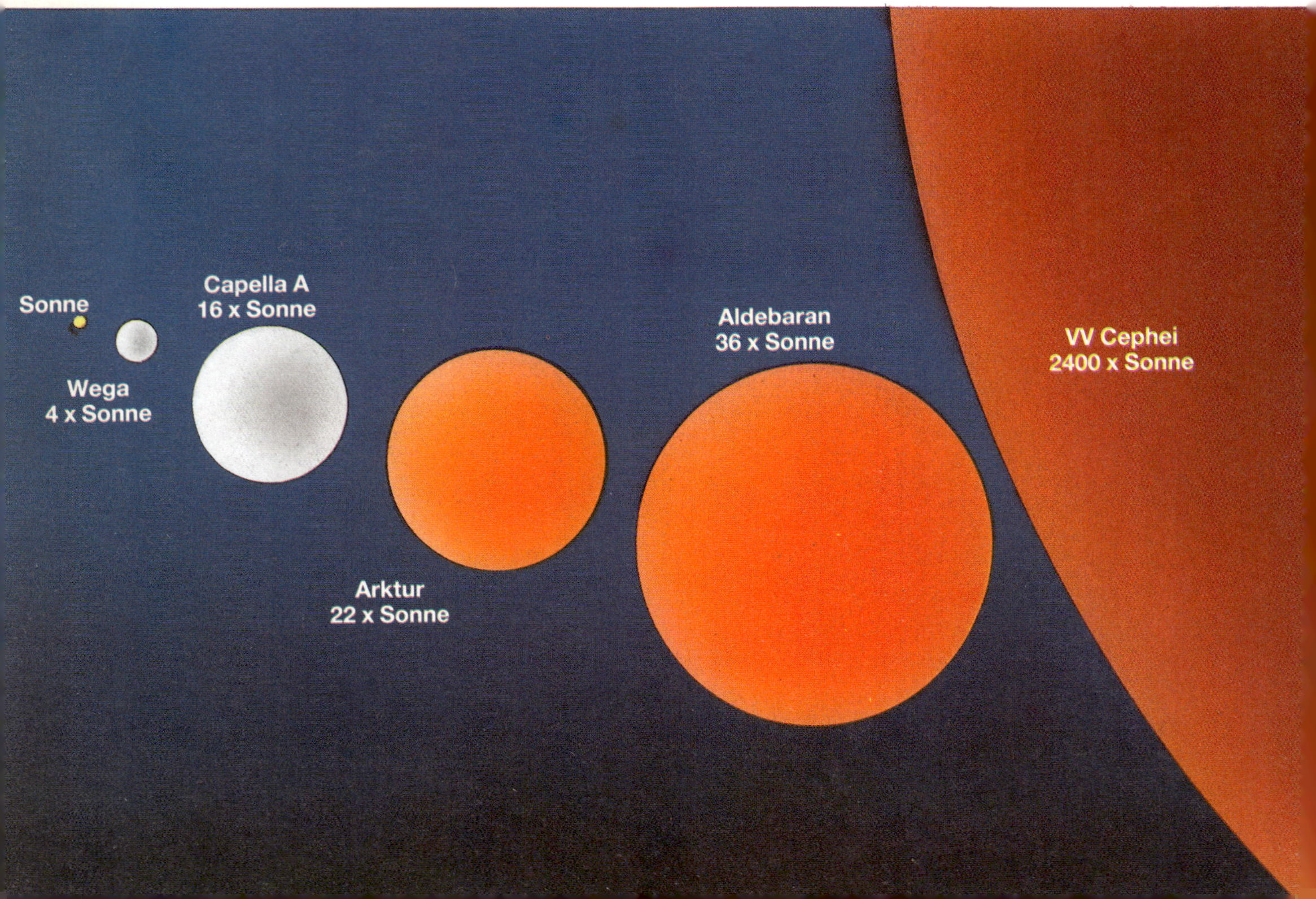

Wie schon erwähnt, ist unsere Sonne eine gewaltige, selbstleuchtende Kugel aus heißen Gasen. In ihrem Zentrum herrschen für uns Menschen unvorstellbare Bedingungen: Die Temperatur beträgt dort 15 Millionen Grad, der Druck ist 200 Milliarden mal höher als der irdische Luftdruck und die Materiedichte 7mal größer als die unserer schwersten Metalle. Im Sonnenkern ist dadurch ein Menschheitstraum seit Jahrmilliarden verwirklicht: die friedliche Energiegewinnung durch Kernfusion. Die im Sonneninneren erzeugte Kernenergie wird in den tieferen Schichten durch Strahlung, weiter außen durch Konvektion, also gewaltige Ströme heißen Materials, an die Oberfläche transportiert. Es dauert etwa 10 Millionen Jahre, bis ein bestimmtes Energiepaket von innen nach außen gelangt.

Wie ist die Sonne aufgebaut?

Die eigentlich sichtbare Sonnenoberfläche nennt man *Photosphäre*. Auf ihr beobachten wir eine körnige Struktur, die sogenannte *Granulation*. Bei diesen „Körnchen", von denen jedes etwa so groß wie die Bundesrepublik ist, handelt es sich um Endpunkte der gewaltigen heißen Materieströme aus dem Sonneninneren. Häufig beobachtet man auf der Photosphäre dunkle Gebilde, die Sonnenflecken (siehe Seite 30). Diese sind mit 4000 bis 5000 Grad deutlich kühler als ihre Umgebung, deren Temperatur knapp 6000 Grad beträgt. Aus Kontrastgründen erscheinen die Flecken im Fernrohr tiefschwarz, obwohl ein einziger Fleck am Himmel heller als der Vollmond wäre. Über der Photosphäre liegt eine weitere, allerdings schon sehr dünne Schicht, die *Chromosphäre* oder Farbsphäre. Sie erhielt ihren Namen wegen ihrer rötlichen Farbe. Darüber befindet sich schließlich die sehr heiße, aber extrem dünne Sonnenatmosphäre, die *Korona*, deren Temperatur einige Millionen Grad betragen kann, die aber normalerweise von der viel dichteren Photosphäre überstrahlt wird und für das bloße Auge unsichtbar bleibt. In ihren äußeren Schichten besteht die Sonne aus 73,5 Prozent Wasserstoff und 24,8 Prozent Helium, alle anderen Grundstoffe wie z.B. Eisen, Sauerstoff oder Gold teilen sich die restlichen 1,7 Prozent. Nach diesem Überblick sollen in diesem und in den weiteren Kapiteln die einzelnen Bereiche und Schichten unseres Tagesgestirns näher besprochen werden.

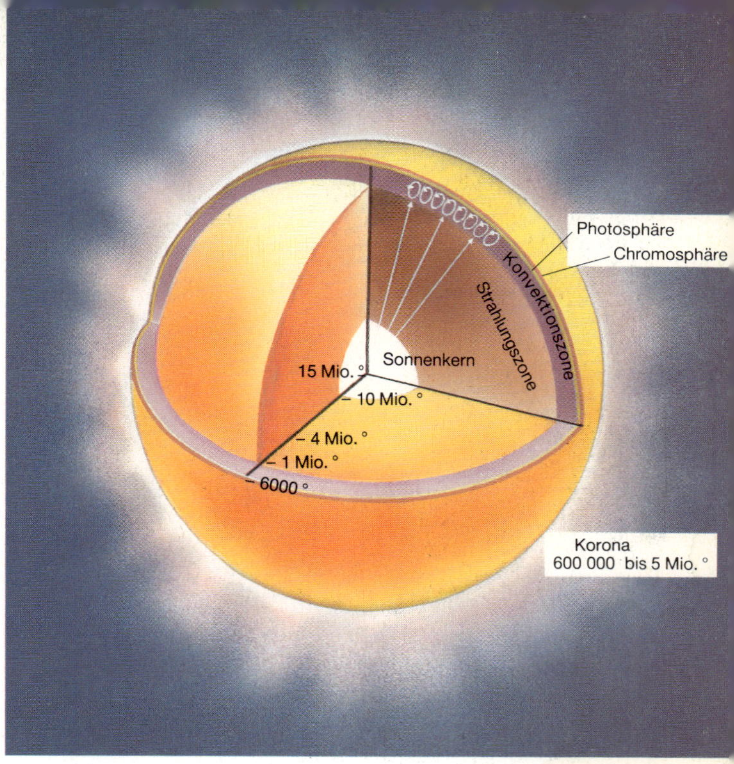

Der innere Aufbau der Sonne.

Warum leuchtet die Sonne?

Seit Jahrmillionen scheint die Sonne immer etwa gleich hell. Ähnlich wie für uns Menschen leuchtete sie für die ersten Kleinlebewesen und die längst ausgestorbenen riesigen Saurier. Würde die Sonne mit Kohle oder Öl beheizt werden, so wäre sie längst erlo-

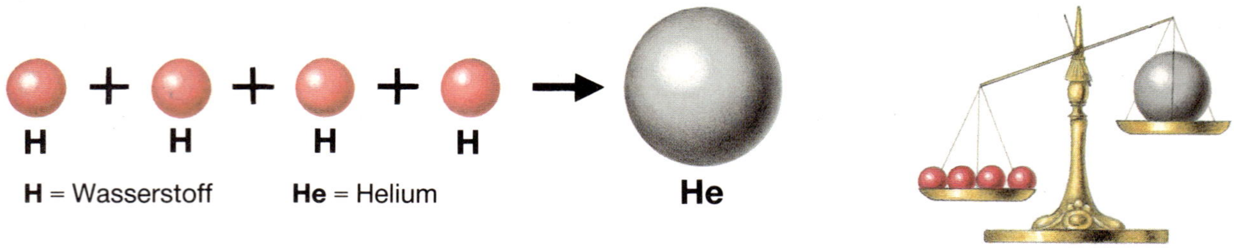

Aus vier Wasserstoffkernen entsteht in der Sonne ein Heliumkern. Die vier Bausteine haben mehr Masse als der daraus entstehende Heliumkern. Es geht also Masse verloren, die in Energie umgewandelt wird.

schen, da sie ja nicht nachtanken kann. Lange Zeit glaubte man daher, die Sonne würde sich immer mehr zusammenziehen und dadurch Energie gewinnen. Aber auch diese Rechnung geht nicht auf: Niemals hätte die Sonne mit dieser Methode das irdische Leben drei Milliarden Jahre lang mit Licht und Wärme versorgen können. Heute wissen wir, daß es die Atomenergie ist, der die Sonne ihr langes Leben als leuchtender Fixstern verdankt. Sehr vereinfacht geht im Sonneninneren folgender Prozeß vor sich: Aus vier Wasserstoffatomkernen wird ein schwerer Heliumkern aufgebaut. Dieser ist etwas leichter als seine 4 Bausteine. Es geht also etwas Masse verloren, und diese wird wie bei jeder Kernenergiegewinnung in riesige Mengen Energie umgewandelt.

In jeder Sekunde verbraucht die Sonne 564 Millionen Tonnen Wasserstoff, um daraus 560 Millionen Tonnen Helium zu gewinnen. Die restlichen 4 Millionen Tonnen, also 0,7 Prozent des Brennstoffs, werden in Sonnenenergie umgewandelt. Im Sonneninneren gibt es heute schon viel mehr Helium als in den Außenbereichen, aber unser Tagesgestirn hat noch für mindestens fünf Milliarden Jahre Brennstoff, steht also etwa in der Mitte seines Lebens. Die im Sonnenkern z.B. in Form von energiereichen Strahlungsteilchen erzeugte Energie wird über Zwischenstufen nach außen transportiert und kommt Jahrmillionen nach ihrer Erzeugung an der Oberfläche an, die dadurch hell leuchten kann. Die Gesamtstrahlungsleistung der Sonne beträgt 383 000 000 000 000 000 000 000 kW, oder, wie der Physiker sagen würde, $3{,}83 \times 10^{23}$ kW. Natürlich kann sich unter diesem Zahlenmonstrum niemand etwas vorstellen. Die gigantische Energieproduktion des Sonnenballs wird jedoch etwas anschaulicher, wenn man sich klar macht, daß ein Quadratmeter Sonnenoberfläche 62 900 kW erzeugt, das ist etwa so viel wie die Leistung von 62 000 Heizsonnen oder 1 Million Glühbirnen. Ein Quadratmeter des fernen Planeten Erde bekommt davon bei senkrechter Einstrahlung noch etwas über 1 kW ab, genug, um unseren Planeten bewohnbar zu halten.

Wird die Sonne im Laufe der Zeit kleiner oder größer?

In den nächsten Jahrmillionen werden sich der Sonnendurchmesser und die Strahlungskraft der Sonne kaum ändern. Die Sonne scheint seit über 4 Milliarden Jahren immer etwa gleich hell und ist in dieser ganzen langen Zeit nicht wesentlich größer oder kleiner geworden. Allerdings wird das nicht für alle Ewigkeit so bleiben. Am Ende ihres Lebens wird sich die Sonne gewaltig aufblähen und zu einem roten Riesenstern werden. Glücklicherweise ist dies erst in vielen Milliarden Jahren der Fall.

Die Sonne ist völlig undurchsichtig. Nur ihre eigentliche Oberfläche, die Photosphäre, können wir sehen. Es gibt allerdings auch kleine Teilchen, welche bei der Energiegewinnung im Sonnenkern entstehen, die sogenannten *Neutrinos*. Diese können ungehindert in wenigen Sekunden durch die Sonne hindurchfliegen und auf der Erde mit Spezialvorrichtungen nachgewiesen werden. Die Sonne ist zwar nicht für Licht, aber für Neutrinos durchsichtig. Würden unsere Augen nicht Licht, sondern Neutrinos sehen, so könnten wir ins Innere der Sonne hineinsehen. Zum großen Kummer der Wissenschaftler erreichen uns viel weniger Neutrinos als erwartet. Manche Experten nehmen daher an, daß die Sonne zur Zeit mit etwas verminderter Kraft arbeitet. Dies ist ein Beispiel dafür, daß noch lange nicht alle Sonnenrätsel gelöst sind.

Kann man in die Sonne hineinschauen?

Sonnenbeobachtung einst und heute

Zunächst das Allerwichtigste: Man darf nicht mit dem bloßen Auge und schon gar nicht mit dem Feldstecher oder dem Fernrohr in die Sonne schauen! Die erste Sonnenbeobachtung könnte dann auch schon die letzte sein, da schwere Augenschäden, Verbrennungen oder gar Blindheit unausweichliche Folgen eines solchen Leichtsinns wären. Man muß entweder ein gutes, tiefdunkles Sonnenfilter benutzen oder noch besser das Sonnenbild durch das Fernrohr hindurch auf eine weiße Fläche projizieren. Beim Einstellen des Fernrohrs darf man nie ver-

Was kann man mit dem Fernrohr auf der Sonne beobachten?

So wie der Astronom Christoph Scheiner im 17. Jahrhundert können auch wir die Sonne ohne Gefahr beobachten. Er projizierte das Sonnenlicht durch sein Fernrohr hindurch auf eine weiße Fläche und sah die dunklen Sonnenflecken.

sehentlich hindurchblicken, die Ausrichtung des Gerätes ist nach einiger Übung ganz einfach. Schon mit einem kleinen Liebhaberfernrohr kann man sehr schön die dunklen Sonnenflecken erkennen, bei guten Bedingungen auch die „Körnchen“ auf der Sonnenoberfläche oder helle Gebilde, die sogenannten Fackeln. Anspruchsvolle Amateurastronomen können natürlich mit Zusatzfiltern und Spezialfernrohren viel mehr Einzelheiten erkennen, aber auch mit bescheidenen Mitteln kann die Sonnenbeobachtung viel Freude machen.

Ein Prisma zerlegt weißes Sonnenlicht in die Regenbogenfarben und erzeugt ein Spektrum.

Was versteht man unter dem Sonnenspektrum?

Läßt man das Sonnenlicht durch einen engen Spalt und dann durch ein Glasprisma fallen, so wird es in die sogenannten Regenbogenfarben Rot, Gelb, Grün, Blau und Violett zerlegt. Das in diese Einzelfarben aufgefächerte Licht nennt man Spektrum. Es hat sich herausgestellt, daß den Regenbogenfarben im Sonnenspektrum an bestimmten Stellen schwarze Linien überlagert sind. Jede Atomsorte zeigt nun ganz bestimmte dunkle Linien, so daß man aus dem Spektrum ersehen kann, welche Stoffe in den äußeren Sonnenschichten vertreten sind. Auch über die Temperaturen, den Druck und die Magnetfelder geben die geheimnisvollen schwarzen Linien Auskunft. Nur mit Hilfe des Spektrums konnten wir erfahren, wie heiß die Sonne ist und aus was sie besteht. Natürlich benutzen die Wissenschaftler zur Lichtzerlegung heute keine einfachen Prismen mehr, sondern hochkomplizierte Geräte, sogenannte Spektrographen.

Warum ist die Sonne morgens und abends rot?

In Wirklichkeit ändert die Sonne ihre Farbe nicht, sie ist also immer weiß. Bei Sonnenauf- oder Untergang muß sie jedoch durch besonders dicke Luftschichten hindurchscheinen. Luft- und Staubteilchen haben nun die Eigenschaft, nur den roten Teil des Lichts gut hindurchzulassen, sie wirken als Rotfilter. Von den verschiedenen Regenbogenfarben, welche die Sonne aussendet, erreicht also bevorzugt das

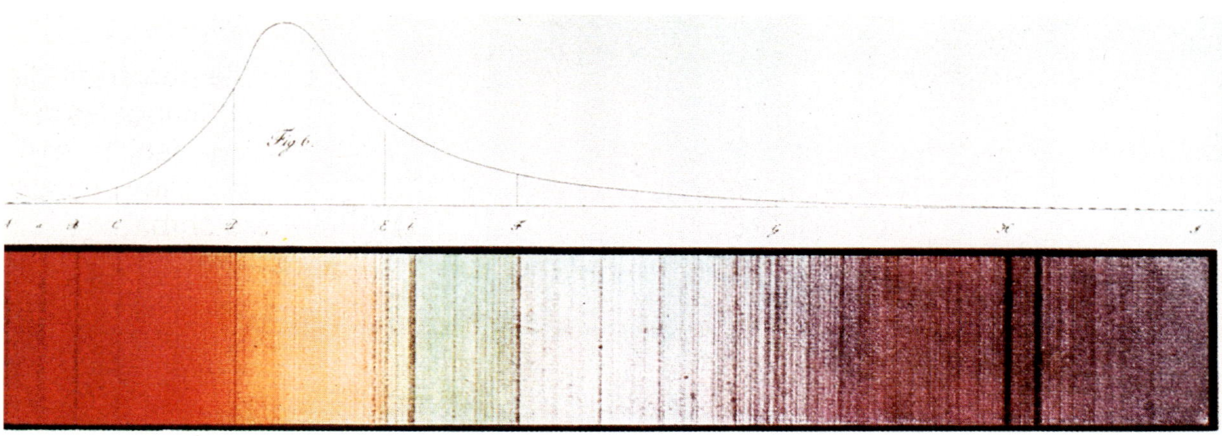

Im Sonnenspektrum findet man dunkle Linien, die uns viele Informationen über Zusammensetzung, Druck und Temperaturen der Sonnengase geben.

Bei Sonnenaufgang oder Sonnenuntergang erscheint uns die Sonne tiefrot oder gelb.

rote Licht unser Auge, die anderen Farben werden mehr oder weniger herausgefiltert, wir sehen die Sonne rot.
Häufig erscheint uns das Sonnenbild durch Einwirkung dieser Luftschichten verzerrt. Manchmal wirkt die Sonne beim Auf- oder Untergang so blaß, daß man sie mit bloßem Auge betrachten kann. In ganz seltenen Fällen erkennt man dann große Sonnenflecken ohne jedes weitere Hilfsmittel.

Gibt es auch unsichtbare Sonnenstrahlen?

Das sichtbare Licht ist nur ein winziger Teil der sogenannten elektromagnetischen Strahlen, zu denen auch Radiowellen, das Infrarot und das Ultraviolett sowie die Röntgenstrahlung gehören. Alle diese Strahlen sind eine Art Wellenbewegung und werden von der Sonne ausgesandt, kommen aber zum großen Teil nicht auf der Erdoberfläche an, da sie von unserer Lufthülle schon in großen Höhen verschluckt werden. Aber nicht nur elektromagnetische Wellen, auch verschiedene Teilchenstrahlen verlassen die Sonne, z. B. die schon erwähnten Neutrinos oder der sogenannte Sonnenwind (siehe Seite 39).

Wie beobachten Wissenschaftler die Sonne?

Unsere unruhige Lufthülle behindert die Sonnenbeobachtung ganz erheblich. Die meisten unsichtbaren Strahlungsarten kann man von der Erdoberfläche aus überhaupt nicht untersuchen, da sie schon in großer Höhe von den Luftmassen verschluckt werden. Aber auch bei der Sonnenbeobachtung im sichtbaren Licht stört die

Luftunruhe. Die Lage verbessert sich schon sehr, wenn man von hohen Bergen aus beobachtet. Die meisten Sonnenforschungsinstitute befinden sich daher in großer Höhe. Zu den bedeutendsten Sonnenobservatorien gehören diejenigen am Kitt Peak und Mount Wilson in den USA und am Pic du Midi in den Pyrenäen. Will man noch klarere Sonnenbilder gewinnen oder gar die Röntgenstrahlen der Sonne untersuchen, so beobachtet man von Ballons, Raketen, Raumschiffen und Satelliten aus. Besonders die 1979 abgestürzte Raumstation Skylab galt viele Jahre lang als Zentrum der Sonnenforschung und war mit vielen Geräten zur Untersuchung der äußeren Sonnenschichten, der Ultraviolett- und Röntgenstrahlung und des Sonnenwindes bestückt. Wäh-

Sonnenobservatorien befinden sich meist in großer Höhe und oft auf Inseln in Seen. Beides verringert die störende Luftunruhe.

Das Kitt-Peak-Observatorium in den U.S.A. – eines der größten Sonnenforschungsinstitute.

Die Raumstation Skylab, in den Siebzigerjahren Zentrum der Sonnenforschung. Weit über der irdischen Lufthülle konnten alle Strahlungsarten der Sonne untersucht werden.

rend Skylab in einer Erdumlaufbahn blieb, wagten sich die deutsch-amerikanischen Helios-Sonden ganz nahe an das glühende Tagesgestirn heran. Helios I und Helios II waren keine Erdsatelliten, sondern kleine Planeten, die sich der Sonne bis auf 46 bzw. 43 Millionen km nähern konnten. Dies ist weniger als ein Drittel des Abstands Erde–Sonne. Trotz der ungeheuren Sonnenstrahlung in dieser kleinen Entfernung konnten die Meßgeräte in diesen Sonden bei nur 20 Grad Celsius einwandfrei arbeiten und lieferten wertvolle Beiträge zum Verständnis der Sonnenaktivität. Besonders interessant war das Ergebnis, daß die Kleinmeteoritendichte nahe der Sonne fünfzehnmal größer ist als in Erdnähe.

Die Solar-Maximum-Sonden sind dagegen Erdsatelliten zur Untersuchung der von der Erdoberfläche unbeobachtbaren Sonnenstrahlungsarten und der äußeren Sonnenschichten. Ihr interessantestes Ergebnis war, daß die Gesamtstrahlung der Sonne in 1 1/2 Jahren Beobachtungsdauer nur um 0,01 Prozent schwankte. Auch das europäische Spacelab besitzt viele Instrumente zur Erforschung der Sonne.

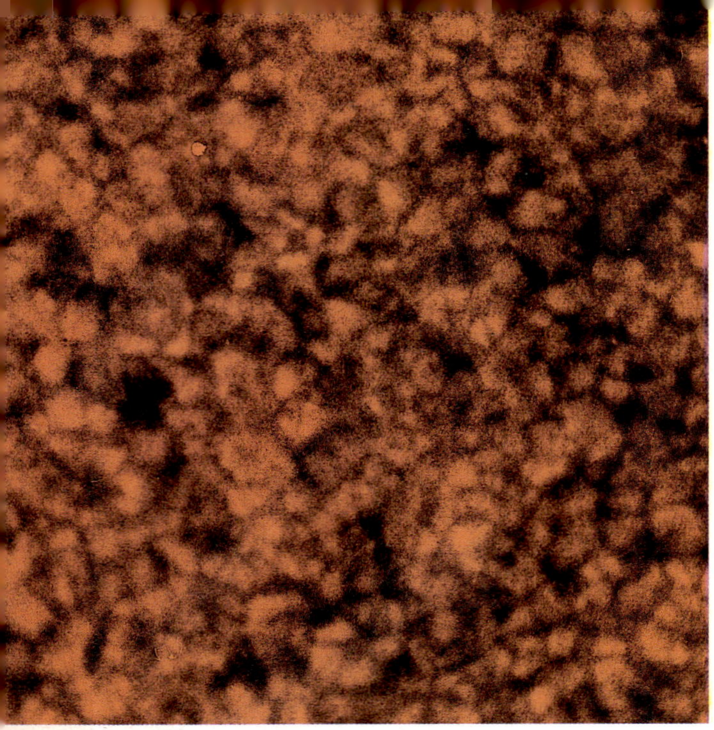

Die Sonnenoberfläche hat eine körnige Struktur, die man Granulation nennt.

Was versteht man unter Granulation?

Die sichtbare Sonnenoberfläche oder Photosphäre besteht aus lauter einzelnen „Körnern“ oder *Granulen*. Diese Erscheinung nennt man *Granulation*. Man kann sich die Granulen als Endpunkte der gewaltigen Ströme heißen Materials, mit denen die Sonnenenergie nach außen transportiert wird, vorstellen. Die „Körnchen“ haben einen Durchmesser von etwa 1000 km. In ihrem Zentrum steigt heißes Gas aus dem Inneren mit Geschwindigkeiten bis zu 500 m/sec auf, um am Gipfel mit 250 m/sec seitlich auseinanderzufließen. Am Rande der Granulen sinkt abgekühltes und deutlich dunkleres Gas in die Tiefe. Ununterbrochen verändern sie ihr Aussehen oder lösen sich auf, um neuen Granulen Platz zu machen. Durch ein großes Teleskop betrachtet sieht die Sonnenoberfläche unruhig wie brodelndes Wasser aus. Die mittlere Lebensdauer der Granulen beträgt nur 10 Minuten.

Was sind Sonnenflecken?

Lange Zeit hielt man die Sonne für einen reinen und makellosen Himmelskörper. Allerdings beteuerten schon vor 2000 Jahren immer wieder einzelne Beobachter, auf der Sonne dunkle Flecken gesehen zu haben. Bereits 165 v. Chr. berichteten chinesische Astronomen ihrem Herrscher aufgeregt von schwarzen „Pocken“ auf der Sonnenscheibe. Da diese Flecken aber immer wieder rasch verschwanden, beruhigte man sich schnell wieder und deutete die vorübergehenden Unreinheiten als hochfliegende Vögel oder Planeten, die vor der Sonnenscheibe vorüberzogen. Auch der berühmte Astronom Kepler, dem wir die Gesetze der Planetenbewegung verdanken, sah einmal einen dunklen Fleck auf der Sonne, hielt ihn aber für den Planeten Merkur. Nach der Erfindung des Fernrohrs zu Beginn des 17. Jahrhunderts konnte ein anderer berühmter Astronom, Galileo Galilei, 1610 mit Sicherheit bestätigen, daß die Sonne tatsächlich Flecken hat. Mit Hilfe dieser dunklen Punkte gelang es Galilei als Erstem, festzustellen, daß sich die Sonne etwa einmal im Monat um sich selbst dreht. 1630 veröffentlichte der deutsche Jesuitenpater Christoph Scheiner ein Buch über Sonnenflecken, in dem mit Hilfe von vielen Fleckenbeobachtungen die Eigendrehung der Sonne endgültig bewiesen wurde.

Die Sonnenflecken sind keineswegs – wie man früher annahm – kalt oder gar Stellen, an denen man wie durch eine Wolkenlücke in die Sonne hineinschauen kann. Sie sind mit 4000 bis 5000 Grad nur etwas kühler als die sie umgebende Sonnenoberfläche, deren Temperatur etwa 5700 Grad Celsius beträgt. Deshalb strahlen sie weniger Licht ab und erscheinen dadurch dunkler.

Man nimmt heute an, daß bei den Sonnenflecken gewaltige Magnetfelder den Wärmestrom aus dem Inneren ein wenig behindern, wodurch sich diese Stellen abkühlen. Die größeren Sonnenflecken haben einen dunklen Kern, die Umbra, welche mit rund 4000 Grad deutlich kühler ist als die sie umgebende Penumbra, deren Temperatur bei etwa 5200 Grad liegt. Bei einigen Sonnenflecken ist schon die Umbra mit einem Durchmesser von 20 000 km größer als die ganze Erde, während die Penumbra 50 000 km erreichen kann.

Die Flecken erscheinen normalerweise in Gruppen und sind, wie schon angedeutet, Sitz unvorstellbar starker Magnetfelder. Innerhalb dieser Gruppen treten die Flecken meist paarweise auf. Die größte Sonnenfleckengruppe, die jemals beobachtet wurde, war über 300 000 km lang. Das ist fast die Entfernung Erde–Mond! Die Gruppe bedeckte 18 Milliarden Quadratkilometer, also etwa die 37fache Erdoberfläche. Die Sonnenflecken leben zwar länger als die Granulen, aber auch ihre Lebensdauer ist, gemessen an den Landschaften von festen Himmelskörpern, äußerst kurz. Während kleine Sonnenflecken nur einige Stunden oder Tage existieren, bringen große Fleckengruppen es immerhin auf mehrere Monate.

Eine große Sonnenfleckengruppe. Einige Flecken sind größer als unsere Erde.

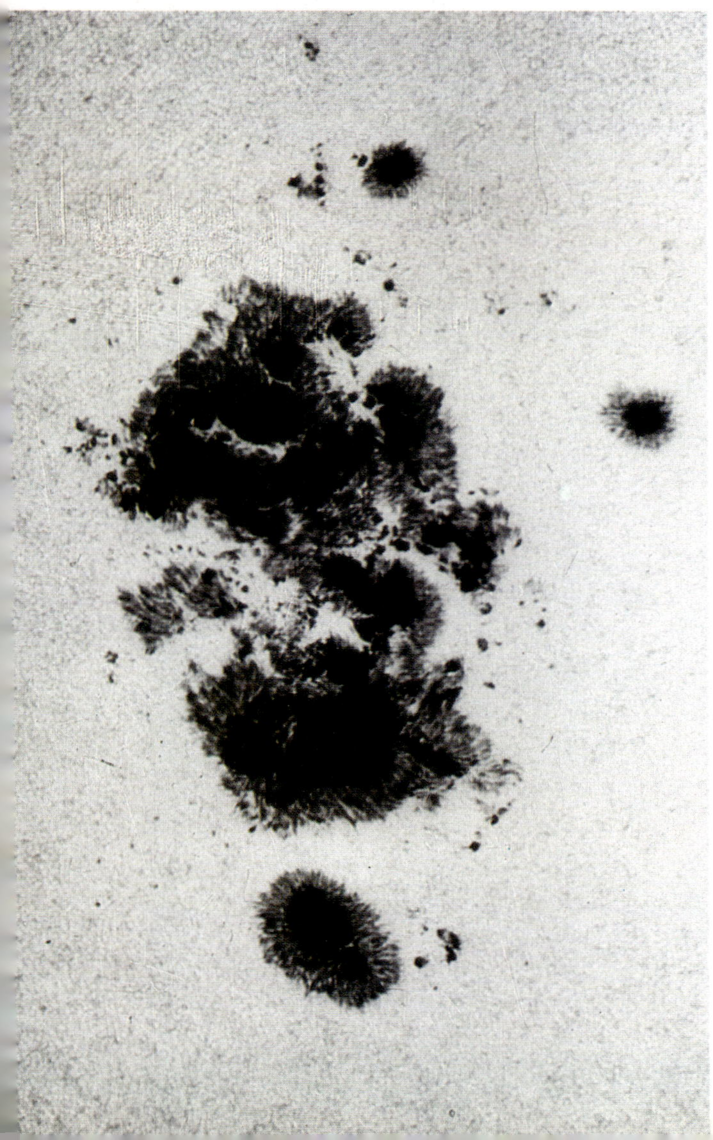

Sieht man immer Sonnenflecken?

Die Sonnenflecken treten rund alle elf Jahre besonders zahlreich auf. Die Zeit der größten Sonnenfleckenzahlen nennt man Sonnenfleckenmaximum, während im Minimum kaum Flecken zu sehen sind. Zwischen einem solchen Maximum und dem nächsten können sieben, aber auch siebzehn Jahre liegen, die Zahl elf ist nur ein Mittelwert. Es gibt Maxima mit sehr vielen Flecken, andere fallen sehr dürftig aus. Die Flecken tauchen im Laufe des Zyklus in verschiedenen Sonnenbreiten auf. Die ersten Flecken eines rund elfjährigen Sonnenfleckenzyklus erscheinen etwa bei 40 Grad nördlicher und südlicher Breite, beim Maximum sind die Flecken bei etwa 15 Grad Nord und Süd, gegen Ende des Zyklus noch näher am Äquator. Die größte jemals beobachtete Aktivität ereignete sich 1957, als zeitweise mehr als 300 Flecken die Sonnenscheibe „verunzierten". Im Sonnenfleckenmaximum ist die Sonne auch sonst sehr unruhig und zeigt gewaltige Strahlungsausbrüche, die bei uns zu Störungen des Funkverkehrs oder zu herrlichen Polarlichtern (siehe Seite 43) führen können.

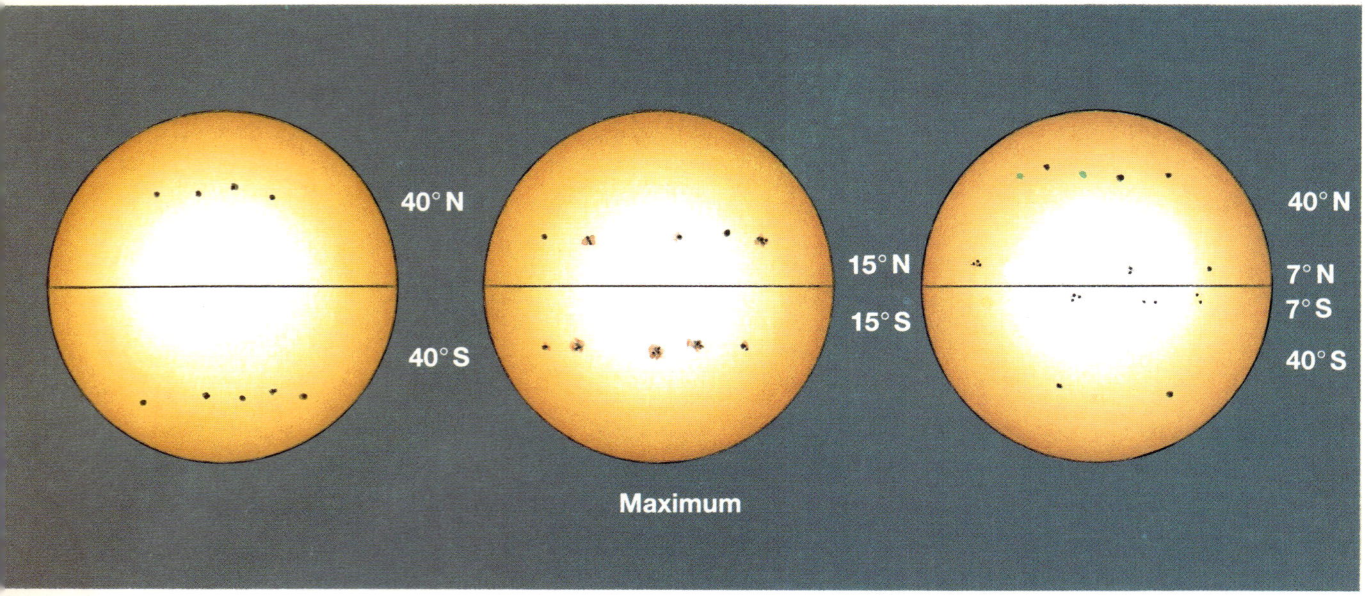

1. Die ersten Flecken eines Zyklus erscheinen bei etwa 40 Grad Nord und Süd.
2. Im Maximum liegen die Flecken bei 15 Grad Nord und Süd.
3. Die letzten Flecken eines auslaufenden Zyklus liegen nahe dem Äquator bei etwa 7 Grad Nord und Süd, während die ersten des neuen Zyklus bei etwa 40 Grad auftauchen.

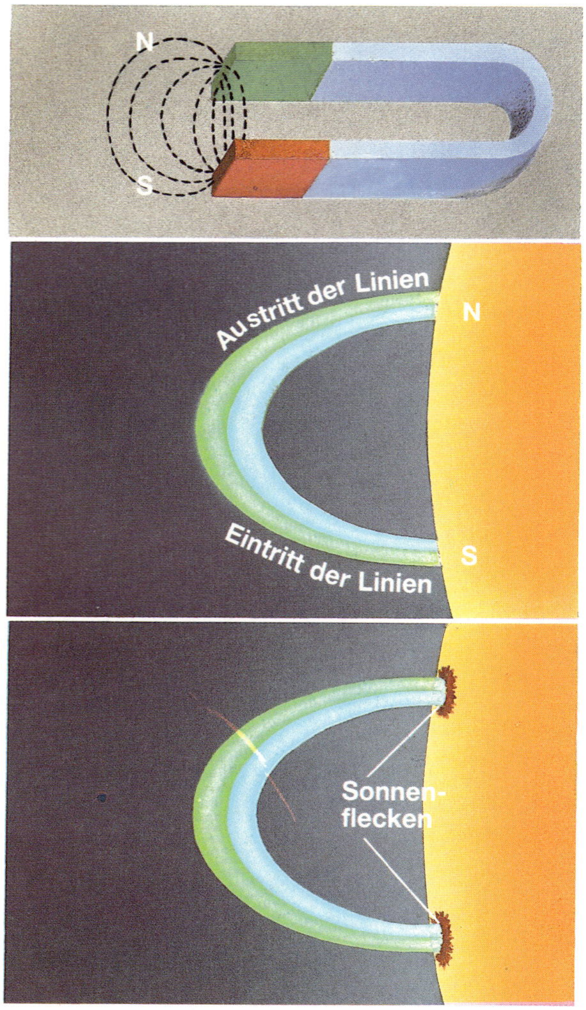

1. Zwischen Nord- und Südpol eines Hufeisenmagneten ist ein Magnetfeld, das Eisenfeilspäne ausrichten kann.

2. Auf der Sonne gibt es, ähnlich wie beim Hufeisenmagneten, Gebiete mit starken Magnetfeldern, die plötzlich aus dem Inneren austreten.

3. Bei den Ein- und Austrittsgebieten der Magnetfelder, dem Nord- und Südpol, behindern diese den Wärmestrom aus dem Sonneninneren. Es bilden sich dunkle Flecken.

Wie entstehen Sonnenflecken?

Die Sonnenflecken treten meist paarweise auf. Die beiden Partner eines solchen Paares sind wie die Pole eines Hufeisenmagneten Ausgangspunkte magnetischer Feldlinien. Bei einem Fleck treten die Linien aus, beim anderen wieder in das Sonneninnere ein. Die magnetischen Felder sind schon lange vor den Flecken da und erzeugen diese erst, indem sie die Wärmezufuhr aus dem Inneren behindern. Die Ein- und Austrittsbereiche der Feldlinien kühlen sich dadurch ab und werden zu dunklen Flecken.

Magnetfelder spielen bei der Bildung von vielen Erscheinungen auf der Sonne eine große Rolle.

Was sind Sonnenfackeln?

Neben den Sonnenflecken beobachtet man auf der Photosphäre auch Gebilde, die etwas heller als ihre Umgebung sind. Diese *Fackeln* treten meist in der Nachbarschaft von Flecken auf und sind rund 2000 Grad heißer als ihr Umfeld. Man kann sie besonders gut in der Nähe des Sonnenrandes erkennen.

Über diesen photosphärischen Fackeln befinden sich in der Chromosphäre die sogenannten *Plages* oder chromosphärischen Fackeln, besonders heiße und aktive Gebiete. Fackeln leben etwas länger als Flecken, gehören also zu den langlebigsten Erscheinungen auf der Sonnenoberfläche.

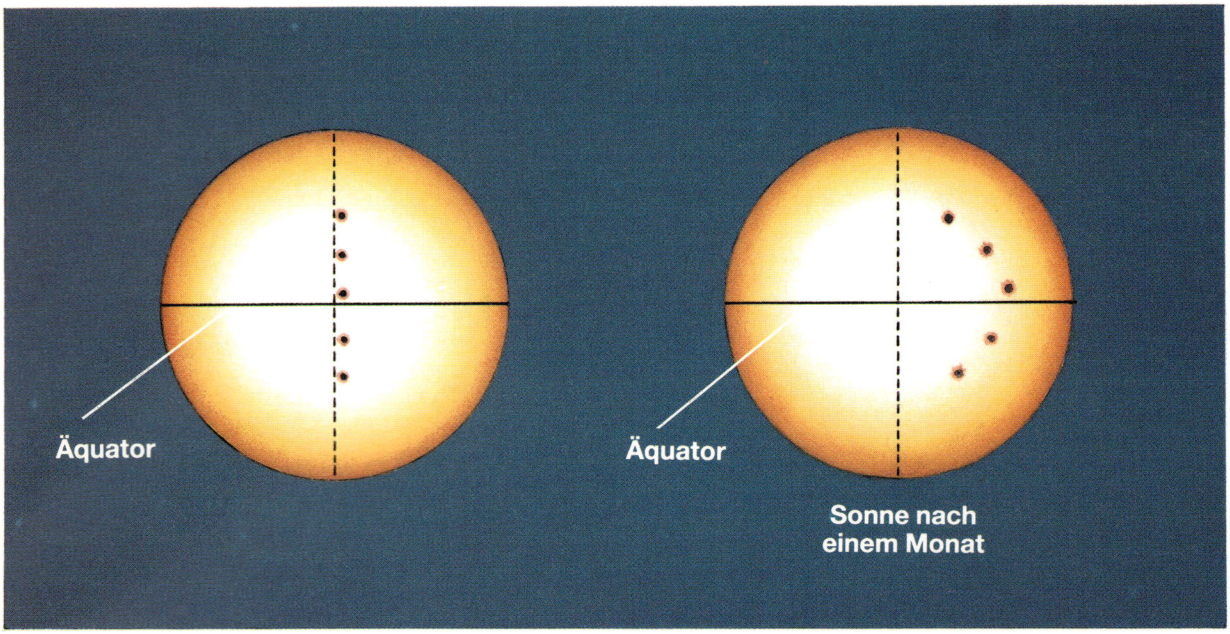

Würden fünf Sonnenflecken wie 400-m-Läufer zu einem Rennen rund um die Sonne starten, so würde nach einem Monat der äquatornahe, mittlere Fleck am weitesten kommen. Je weiter südlich oder nördlich seine Konkurrenten sind, umso mehr bleiben sie zurück, da sich die Sonne in höheren Breiten langsamer dreht, als am Äquator.

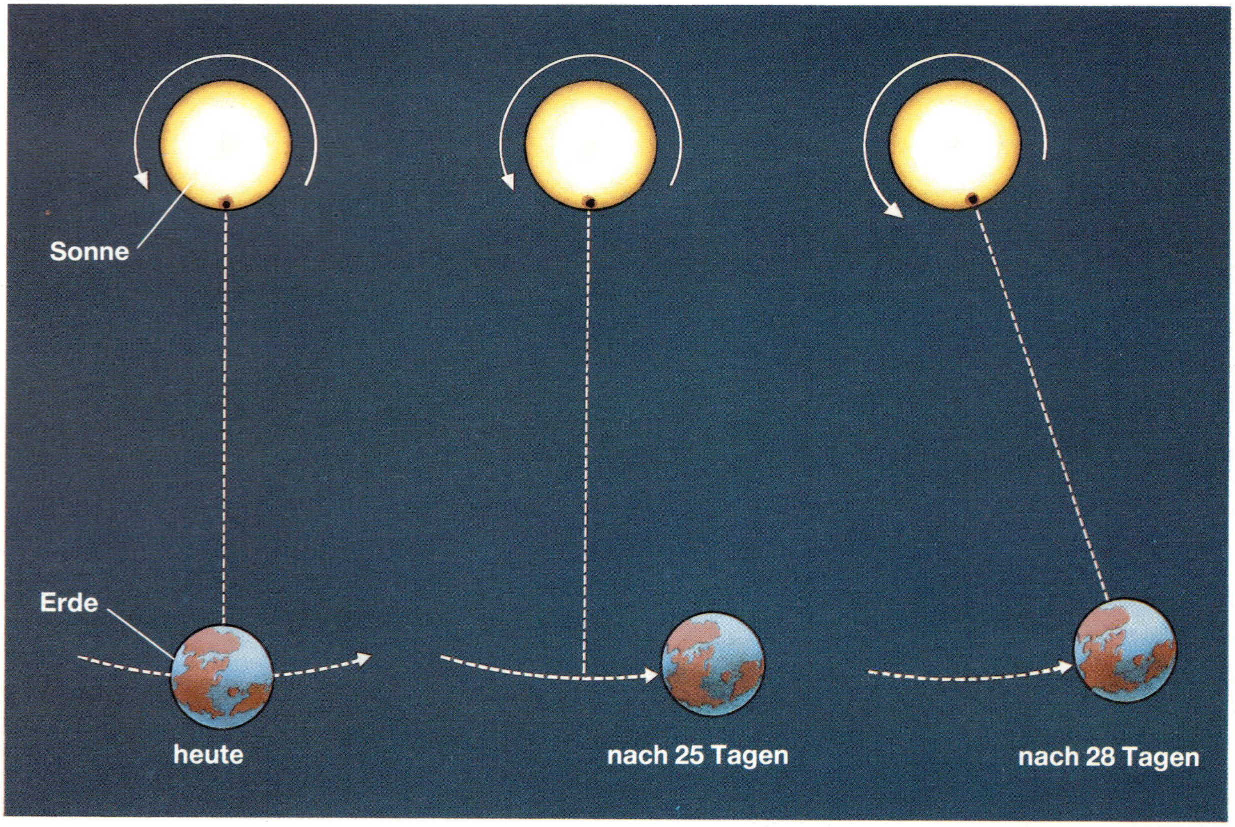

Steht von uns aus gesehen ein Fleck etwa in der Mitte der Sonnenscheibe, dann hat er sich zwar nach 25 Tagen einmal ganz herumgedreht, aber erst nach etwa 28 Tagen finden wir ihn wieder in der Mitte der Sonnenscheibe, da sich die Erde inzwischen ein Stück auf ihrer Bahn weiterbewegt hat.

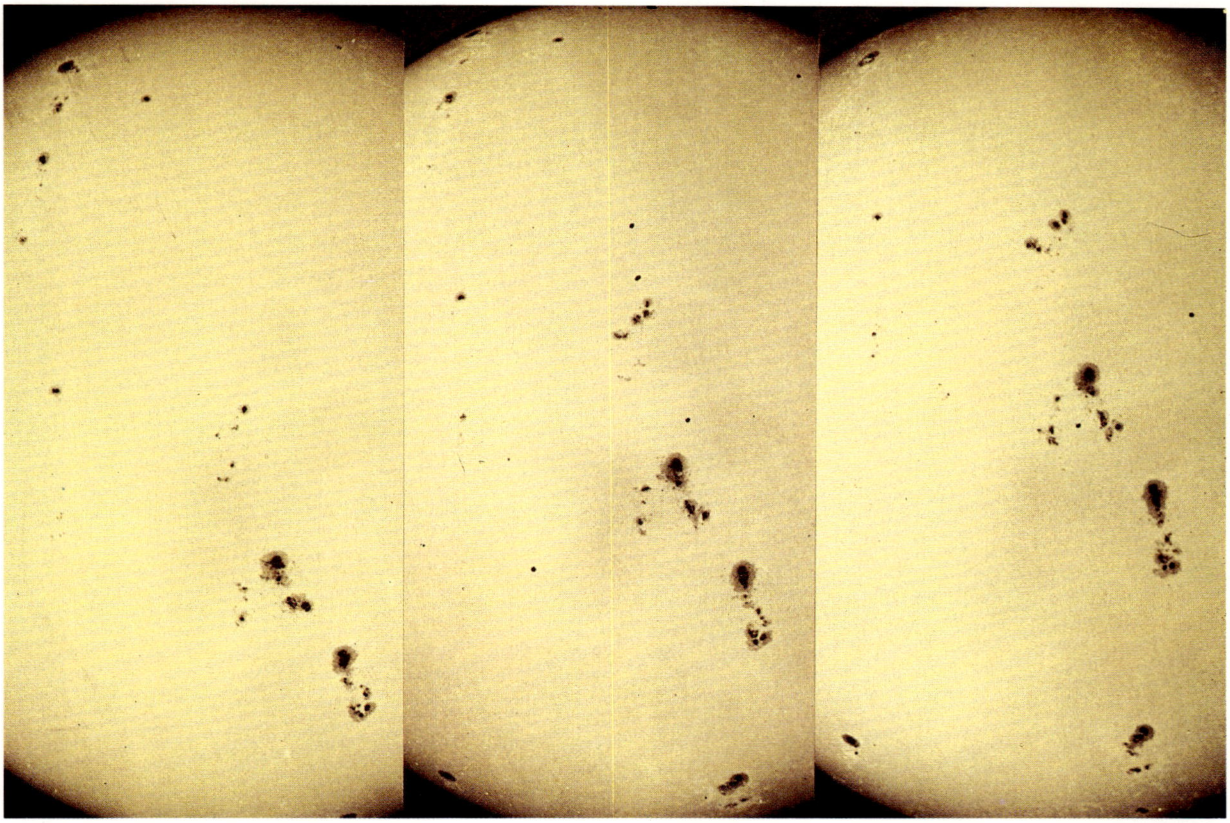

Am Weiterwandern der Sonnenflecken kann man deutlich erkennen, daß sich die Sonne um sich selbst dreht.

Dreht die Sonne sich um sich selbst?

Die Erde dreht sich in knapp 24 Stunden einmal um sich selbst. Durch diese Rotation kommen Tag und Nacht zustande. Ein Beobachter auf dem Mond kann die Umdrehungsdauer unseres Planeten bestimmen, indem er beispielsweise feststellt, wie oft Amerika pro Woche an ihm vorbeiläuft. Ähnlich können wir verfahren, wenn wir die Rotationsdauer der Sonne kennenlernen wollen. Wir müssen nur die Umlaufzeit eines großen, langlebigen Sonnenflecks bestimmen. Wenn wir eine Fleckengruppe von Tag zu Tag beobachten, so können wir feststellen, daß sie von Ost nach West weiterwandert, sich die Sonne also um sich selbst dreht. Allerdings zeigt die Sonne etwas ganz Einmaliges: Sie dreht sich am Äquator schneller als in höheren Breiten, was nur dadurch ermöglicht wird, daß sie kein fester Körper wie die Erde – die in allen Breiten einmal in 24 Stunden gleichmäßig schnell um sich selbst rotiert –, sondern eine Gaskugel ist. Am Äquator benötigt sie 25 Erdentage zu 24 Stunden, bei 30 Grad Nord oder Süd 26½, bei 40 Grad Breite über 27 und in den Polgegenden gar 30 Tage für eine Umdrehung. Es ist so, als wäre auf der Erde ein Tag in Indonesien 22 Stunden, in Berlin 23 und in Grönland 24 Stunden lang. Die Sonne dreht sich also in etwa einem Monat um sich selbst, allerdings in verschiedenen Breiten verschieden schnell, was man differentielle Rotation nennt. Von der Erde aus gesehen, scheint die Sonne sich noch etwas langsamer zu drehen, da sich unser Planet innerhalb eines Monats auf seiner Bahn ein großes Stück weiterbewegt und von der Sonne erst wieder „eingeholt" werden muß.

Die äußeren Schichten der Sonne

Was erlebt man bei einer totalen Sonnenfinsternis?

Über der Photosphäre, der mit bloßem Auge sichtbaren Sonnenoberfläche, befinden sich weitere Gasschichten, die Chromosphäre und die Korona. Diese sind zwar sehr heiß, aber so dünn, daß sie von der Photosphäre überstrahlt werden, also für uns normalerweise unsichtbar bleiben. Bei einer totalen Sonnenfinsternis wird die Photosphäre jedoch vom Mond bedeckt, und für wenige Minuten tauchen die Außenbereiche unseres Zentralgestirns als leuchtender Strahlenkranz um die „schwarze Sonne", umgeben von einem fast nachtdunklen Sternenhimmel, auf. Insbesondere die Chromosphäre, die Korona und die Protuberanzen (siehe Seite 37) sind bei einer totalen Sonnenfinsternis zu sehen.

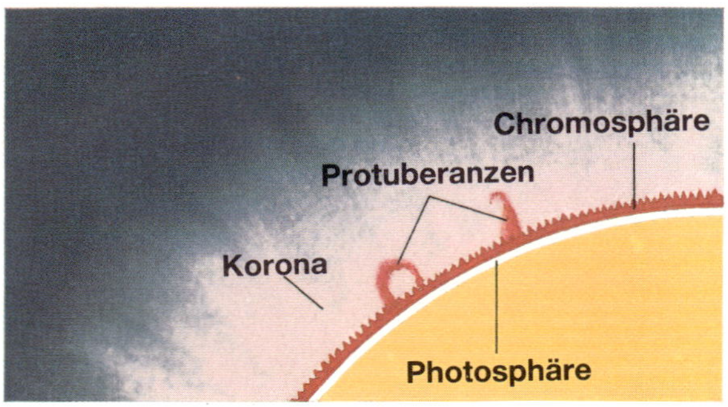

Die äußeren Schichten der Sonne.

Was versteht man unter der Chromosphäre?

Wenn der Mond bei einer totalen Finsternis die gleißend helle Photosphäre bedeckt hat, wird die darüberliegende Chromosphäre sichtbar. Sie leuchtet in einem herrlich roten Licht. Die Temperatur dieser etwa 8000 km hohen Schicht steigt mit der Höhe von etwa 4000 Grad auf 500 000 Grad an. Die Chromosphäre ist allerdings so dünn, daß ihre Gesamthelligkeit niedrig bleibt. Die Chromosphärenschicht hat keine glatte Oberfläche, sondern zeigt an ihrer Obergrenze flammenähnliche Spitzen, die sogenannten *Spiculen.* Beobachtet man die Chromosphäre im Fernrohr, so glaubt man manchmal, einen Präriebrand zu sehen.

Heutzutage muß man natürlich nicht auf eine totale Sonnenfinsternis warten, um die Chromosphäre zu beobachten. Die Wissenschaftler haben Filter entwickelt, die besonders gut von dieser Schicht ausgesandtes Licht durchlassen. Man erkennt durch diese Filter, daß sich die Granulation bis in die Chromosphäre fortsetzen kann, auch Fackeln, Flecken und Flares sind zu sehen.

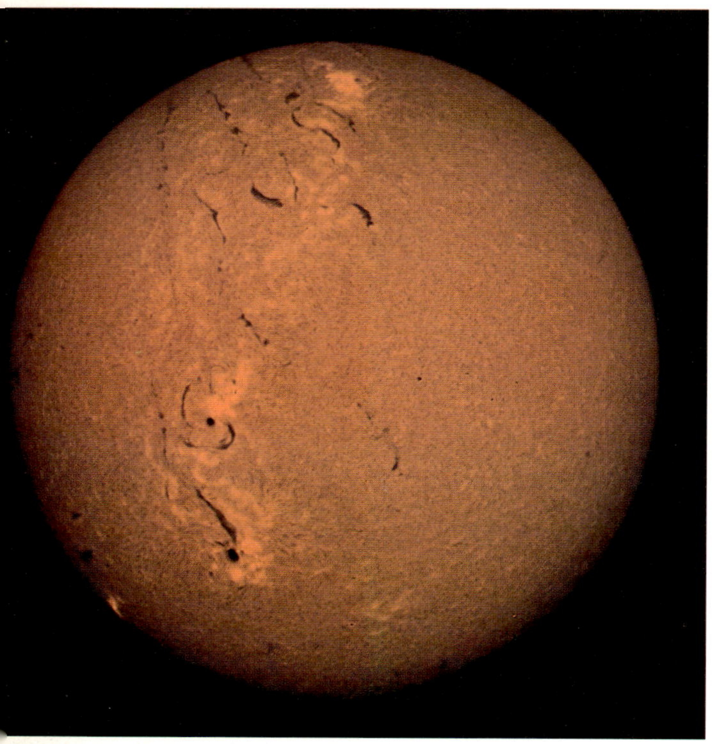

Die Chromosphäre durch ein Spezialfilter beobachtet.

Die Chromosphäre hat an ihrer Oberseite spitze, flammenähnliche Fortsätze, die Spiculen.

Was sind Flares?

Oft sind in der Chromosphäre, besonders bei großen Fleckengruppen, gewaltige Strahlungsausbrüche sichtbar, die man Eruptionen oder „Flares" nennt. Man kann diese heute leicht mit den schon erwähnten Spezialfiltern beobachten. Innerhalb weniger Minuten wird dann in einem eng begrenzten Gebiet die Energie von 100 000 Billionen Kilowattstunden freigesetzt. Auf der Erde erzeugen die Flares Störungen des Magnetfeldes, herrliche Polarlichter, aber auch empfindliche Störungen des Funkverkehrs. Eine direkte Gefahr für unser Leben stellen sie aber trotz anders lautender Berichte nicht dar.

Was sind Protuberanzen?

Bei totalen Sonnenfinsternissen beobtet man oft schon mit dem bloßen Auge zungenartige Lichtgebilde und Lichtbögen, die weit über die Chromosphäre herausragen, die sogenannten Protuberanzen. Sie sind für den Beobachter noch weit spektakulärer als die Eruptionen. Es handelt sich um verhältnismäßig dicht gepackte, rund 20 000 Grad heiße Materiewolken, die deutlich heller als ihre schwach leuchtende Umgebung sind. Man unterscheidet die langlebigen stationären Protuberanzen, welche oft Monate lang be-

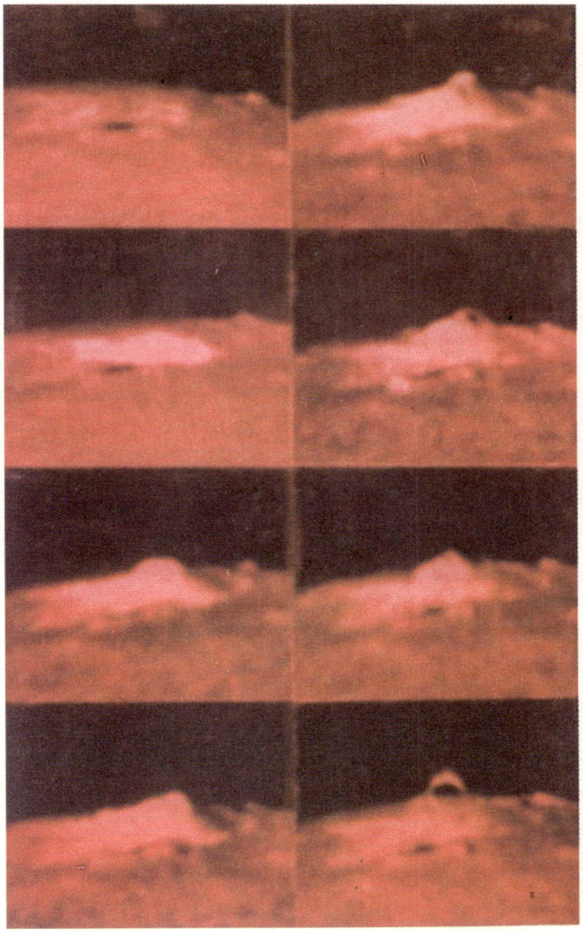

Ein Flare, fotografiert mit einem sogenannten H-alpha-Filter, das nur das rote Wasserstofflicht hindurch läßt, in dem die Chromosphäre besonders stark leuchtet.

Aktive Protuberanz. In diesem Fall handelt es sich um einen gewaltigen Materieauswurf.

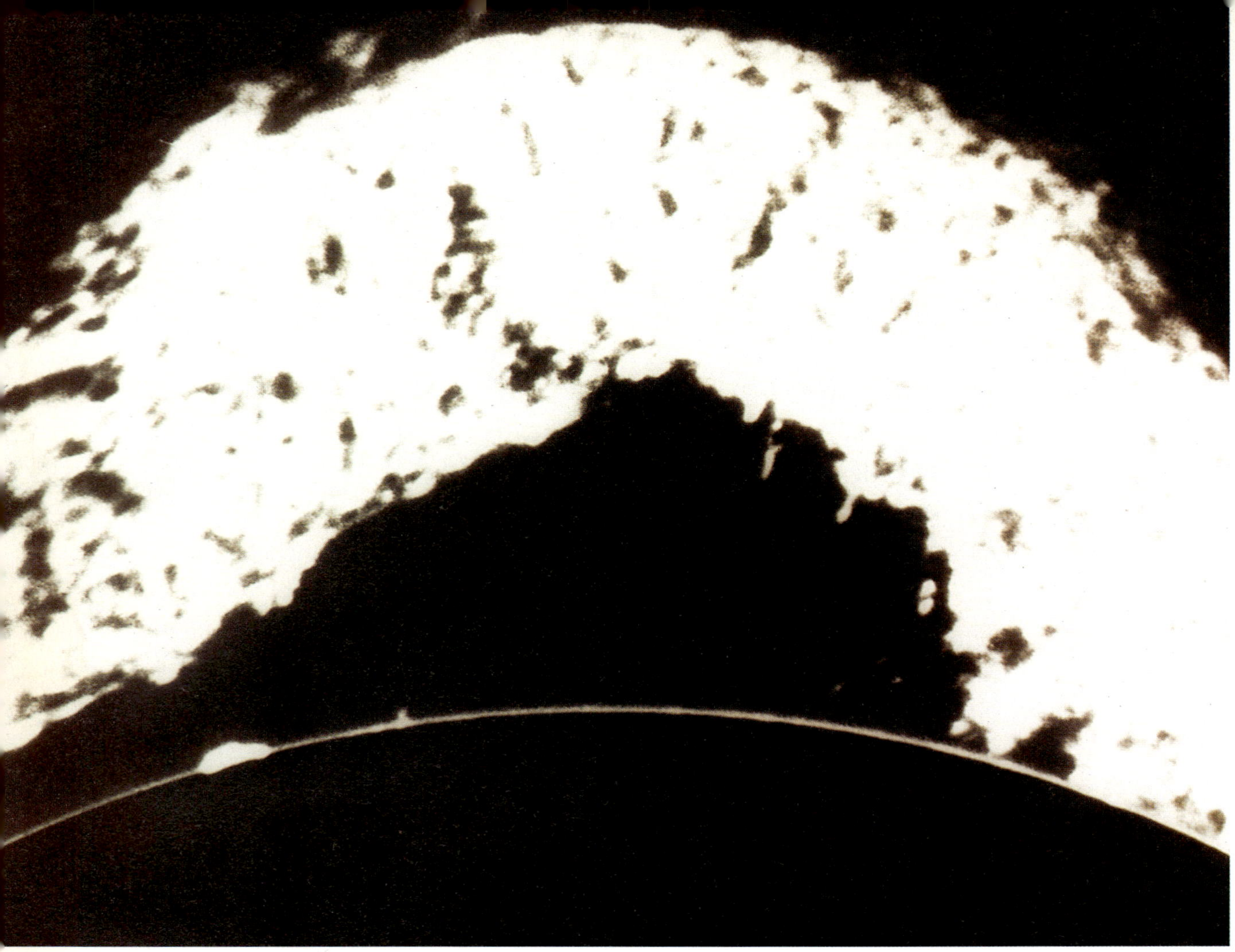

Stationäre Protuberanzen. Wie ein Korsett stützen magnetische Feldlinien die hell leuchtende Materiebrücke von 800000 km Länge. Unsere Erde ist dagegen nur ein kleines Kügelchen.

obachtet werden können, und die rasch veränderlichen aktiven Protuberanzen. Bei allen diesen vielfältigen Erscheinungen spielen Magnetfelder eine große Rolle, die insbesondere die stationären Protuberanzen wie ein Korsett zusammenhalten.

Eine typische Protuberanz ist etwa 40 000 km hoch und 200 000 km breit, man hat aber schon Lichtbögen mit einer Länge von 800 000 km beobachtet. Andere Protuberanzen erreichten Rekordhöhen von drei Millionen Kilometern.

Auch die vielfältigen Protuberanzenerscheinungen kann man heute ohne totale Sonnenfinsternis mit Spezialfiltern oder -fernrohren beobachten.

Was ist die Korona?

Die Korona ist die äußerste Gashülle der Sonne. Trotz ihrer extrem hohen Temperaturen von 600 000 bis 5 Millionen Grad Celsius ist sie mit bloßem Auge außer bei einer totalen Sonnenfinsternis nicht zu sehen. Die Materiedichte und damit die Zahl der leuchtenden Teilchen ist dort nämlich so gering, daß die Flächenhelligkeit sehr klein ist. Die enorme Aufheizung der Korona erklärt sich durch magnetische Effekte und Schockwellen, die mit Überschallgeschwindigkeit von der Photosphäre ausgehen und der äußeren Sonnenatmosphäre Energie zuführen.

Die Sonnenkorona wird bei einer totalen Sonnenfinsternis sichtbar.

Die Korona ändert im Laufe der Zeit ihre Form: Beim Sonnenfleckenmaximum ist sie rundlich, beim Minimum scheint sie in die Länge gezogen. In letzter Zeit ist es mit Hilfe von Raumschiffen und Satelliten gelungen, auch diejenige Koronastrahlung zu beobachten, welche die Erdatmosphäre nicht durchdringen kann. Da die Korona sehr heiß ist, sendet sie besonders viel Röntgenstrahlung aus, allerdings ist die Strahlung an verschiedenen Stellen unterschiedlich stark. Man unterscheidet heiße Aktivitäts-Gebiete, ruhige Bereiche und sogenannte „Korona-Löcher“, die mit 600 000 Grad relativ kühl sind. Bei diesen Löchern laufen die Magnetfeldlinien frei in den Raum hinaus, sind also nicht in sich geschlossen und halten die Materie nicht fest. Daher können dort besonders viele Teilchen die Sonne ungehindert verlassen. Die Korona-Löcher sind Ausgangspunkt des Teilchenstroms, den wir Sonnenwind nennen.

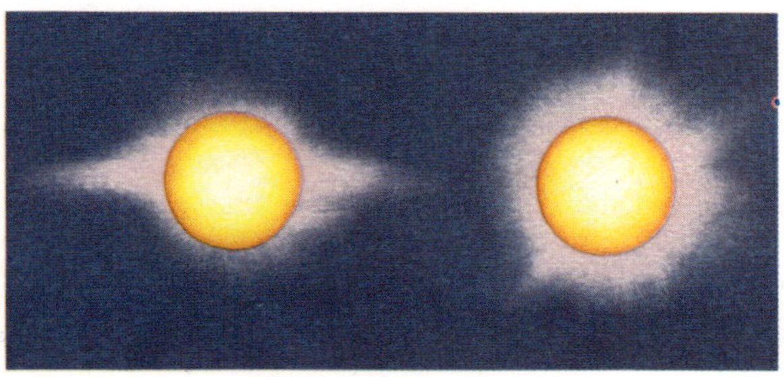

Die Sonnenkorona im Fleckenminimum (links) und Maximum (rechts).

Was ist der Sonnenwind?

Die Sonne sendet nicht nur Wellenstrahlung wie Licht aus, sondern auch einen Strom elektrisch geladener Teilchen, besonders Protonen (Wasserstoffatomkerne) und Elektronen. Diese Teilchenstrahlung, welche die Sonne mit Geschwindigkeiten von 300 bis 1800 km/sec verläßt, heißt Sonnenwind. Die Sonne verliert durch dieses dauernde Ausströmen von Materie pro Jahr 30 Billionen Tonnen ihrer Masse, allerdings macht ihr das nicht viel aus. In ihrem fünf Milliarden Jahre langen Leben hat sie erst 1/10 000 ihrer Masse durch den Sonnenwind verloren.

Unten: Die Korona im Röntgenlicht, welches durch spezielle Tricks sichtbar gemacht wurde. Die äußere Sonnenhülle hat an verschiedenen Stellen ganz unterschiedliche Temperaturen.

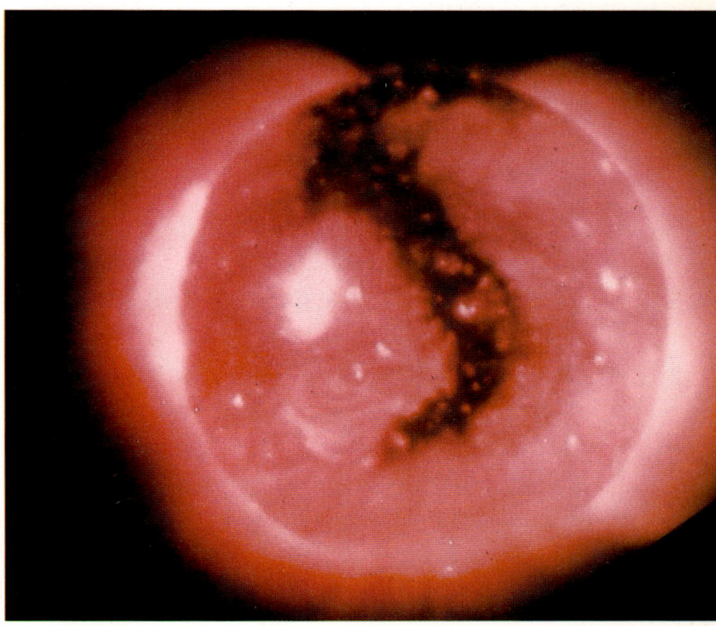

Der Sonnenwind wird sichtbar gemacht: Der Teilchenstrom von der Sonne bläst die Gase vom Kometenkopf weg und erzeugt einen Schweif.

Die amerikanischen Astronauten fingen auf dem Mond die Teilchen des Sonnenwindes mit Spezialsegeln auf.

Besonders die Korona-Löcher sind Ausgangspunkt der Teilchenstrahlung, da dort die Sonne ihre Pforten für Materieströme besonders weit öffnet. Bei Eruptionen oder Flares wird der Sonnenwind besonders stark und schnell und kann auch auf der Erde zu beträchtlichen Störungen führen. Diese energiereiche „Ultrastrahlung" könnte auch für Raumfahrer, die nicht durch unsere Lufthülle geschützt sind, gefährlich und im Extremfall tödlich sein.

Sonne, Erde und Mensch

Was sind magnetische Stürme?

Wie viele andere Himmelskörper besitzt auch die Erde ein Magnetfeld, dessen Feldlinien bei uns etwa von Nord nach Süd verlaufen und mit Hilfe einer Kompaßnadel eine ungefähre Orientierung ermöglichen. In großen Höhen wird dieses Magnetfeld durch den Sonnenwind stark verformt. In Richtung Sonne, auf der Tagesseite der Erde, wird es zusammengestaucht, auf der anderen Seite der Erde in die Länge gezogen. Das sich dem Sonnenwind entgegenstemmende Magnetfeld lenkt einen großen Teil der Sonnenwindteilchen um die Erde herum und schützt uns so vor diesem Teilchenstrom. Ganz allgemein stellt das Magnetfeld einen wichtigen Strahlenschutz dar und schirmt die irdischen Lebewesen vor Strahlen aus dem Kosmos ab. Man kann sich leicht vorstellen, daß ein plötzliches Anwachsen des Sonnenwindes – verursacht durch gewaltige Eruptionen – das irdische Magnetfeld noch mehr in Unordnung bringt und regelrechte magnetische Stürme hervorrufen kann.

Unser Magnetfeld wird dann noch stärker zusammengequetscht, die an uns

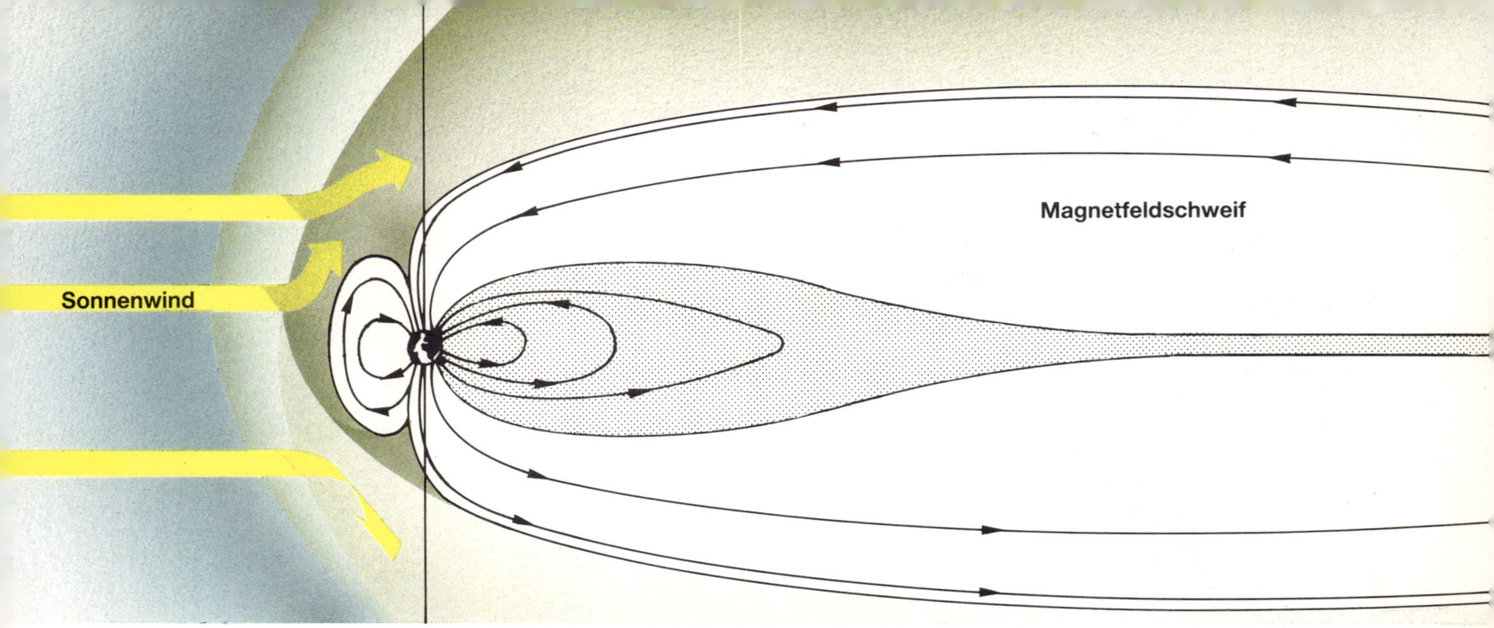

Das irdische Magnetfeld wird durch den Sonnenwind verformt.

vorbeirasenden Sonnenwindteilchen erzeugen zusätzliche Magnetfelder. Durch magnetische Stürme können Telefonverbindungen und Radarwarnsysteme empfindlich gestört werden, riesige Transformatoren durchbrennen und die Ergebnisse vieler Meßgeräte verfälscht werden, wodurch immer wieder große wirtschaftliche Schäden entstehen.

Was versteht man unter den Van-Allen-Gürteln?

Die meisten Teilchen des Sonnenwindes prallen am irdischen Magnetfeld ab und werden durch dieses um die Erde herumgelenkt. Andere Teilchen dringen in das Erdmagnetfeld ein und sammeln sich in den beiden nach ihrem Entdecker benann-

In den die Erde umgebenden Van-Allen-Gürteln laufen vom Erdmagnetfeld eingefangene Sonnenwindteilchen auf Spiralen hin und her. (Innerer Gürtel: rot, äußerer Gürtel: blau)

Die Ionosphäre wirkt wie ein Spiegel für Radiowellen und ermöglicht so Fernverbindungen zwischen verschiedenen Ländern und Kontinenten.

ten Van-Allen-Strahlungsgürteln. Diese Gürtel wurden 1957 durch Satelliten aufgespürt und befinden sich in rund 4000 und 16 000 km Höhe; beide sind mehrere Tausend Kilometer breit. Ihre Grenzen sind sehr unscharf. Die eingefangenen Sonnenwindteilchen laufen auf Spiralen um die irdischen Magnetfeldlinien zwischen den Polgegenden hin und her. Verlorengegangene Teilchen werden dabei laufend von außen ersetzt.

Beeinflußt die Sonne den Empfang von Radiowellen?

Unsere Lufthülle hat mehrere Schichten. Über der Troposphäre, in der sich das Wettergeschehen abspielt, und der Stratosphäre liegt die Ionosphäre, in der sich durch Einwirkung der Sonnenstrahlung viele elektrisch geladene Teilchen befinden. Diese Ionosphäre hat drei Schichten, die man mit den Buchstaben D, E und F bezeichnet. Die Schicht D liegt in 50 bis 90 km Höhe, E erstreckt sich von 90 bis 130 km, F von 130 bis etwa 1000 km. Die Schichten E und F wirken wie Spiegel für Radiowellen im sogenannten Lang-, Mittel- und Kurzwellenbereich. Sie werfen die auf der Erde ausgeschickten Radiowellen auf die Erde zurück und ermöglichen so den Funkverkehr über weite Strecken. Je aktiver die Sonne ist, um so mehr Strahlung sendet sie uns, und um so mehr elektrisch leitende Teilchen werden in der Ionosphäre erzeugt. Diese wird dann zu einem besonders guten Spiegel für Radiowellen. Das kann dazu führen, daß man manchmal den New Yorker Taxifunkverkehr in Deutschland empfangen kann! Die unter den spiegelnden Bereichen liegende D-Schicht hat die unangenehme Eigenschaft, Funkwellen zu schwächen. Manchmal wird diese wellenschluckende Schicht durch verstärkte Röntgenstrahlung der Sonne so undurchlässig, daß fast kein Radiosignal mehr zu den oberen spiegelnden Schichten hindurch kann. Die internationalen Funkverbindungen können dann weitgehend zusammenbrechen.

Der normale Sauerstoff, den alle Menschen und Tiere einatmen, besteht aus Molekülen, also kleinen Teilchen, die sich aus zwei Sauerstoffatomen zusammensetzen. In 15 bis 50 km Höhe zerschlägt die Ultraviolettstrahlung der Sonne viele dieser Moleküle in Einzelatome. Diese können sich an den normalen Sauerstoff anlagern. Es bildet sich dadurch eine neue Sauerstoffart, die aus drei Atomen besteht und *Ozon* heißt. Das Ozon hat die äußerst wichtige Eigenschaft, die lebensbedrohende Ultraviolettstrahlung der Sonne zu schlucken. Erst durch die *Ozonschicht,* die in 20 bis 30 km Höhe besonders gut ausgeprägt ist, wurde Leben auf dem Festland ermöglicht. Als es vor 500 Millionen Jahren diese Schutzhülle noch nicht gab, existierten nur Meereslebewesen unter Wasser, welches ebenfalls Ultraviolettstrahlen verschluckt und seine Bewohner so beschützen konnte. Sonneneruptionen können die Ozonschicht vorübergehend durch ihre starke Teilchenstrahlung schwächen. Viele Wissenschaftler nehmen an, daß die Ozonschicht durch Umweltgifte langsam zerstört wird. Dies würde ein Aussterben aller Landlebewesen, auch des Menschen, bedeuten.

Was versteht man unter der Ozonschicht?

Was sind Polarlichter?

Die meisten Sonnenwindteilchen werden durch das irdische Magnetfeld um die Erde herumgelenkt und erreichen uns nicht. Einige von ihnen können allerdings in das verformte Magnetfeld eindringen und sammeln sich in den Van-Allen-Strahlungsgürteln und im sogenannten Magnetfeldschweif über der sonnenabgewandten Erdhälfte. In diesen Bereichen werden sie vorübergehend festgehalten, können jedoch oft schlagartig entlang der Feldlinien zur Erde rasen und in den Polargegenden in die höhere Atmosphäre eindringen. Dort erzeugen sie die Polarlichter, indem sie die Luftteilchen der Hochatmosphäre zum Leuchten anregen, ähnlich wie das der Elektronenstrahl einer Fernsehröhre mit den Atomen des Bildschirms tut. Die Polarlichter können die verschiedensten Farben und Formen zeigen, sie treten als Strahlen und Bögen, Bänder, wallende Lichtvorhänge oder nur als Glimmen auf. Am häufigsten beobachtet man sie bei uns auf der nördlichen Halbkugel auf einem Kreis, der Nordskandinavien, Kanada und Alaska berührt. Manchmal kann man den kalten Zauber der Polarlichter auch in Deutschland als roten Schimmer im Norden sehen. Es soll dadurch früher häufig vorgekommen sein, daß Feuerwehrautos zum jeweils nördlich gelegenen Dorf rasten, weil man glaubte, im Norden sei ein Großbrand ausgebrochen. Polarlichter treten natürlich auch auf der südlichen Halbkugel auf, daher sollte man das Wort Nordlichter für diese Erscheinung vermeiden.

Polarlichter – in Norwegen und Kanada eine alltägliche Erscheinung.

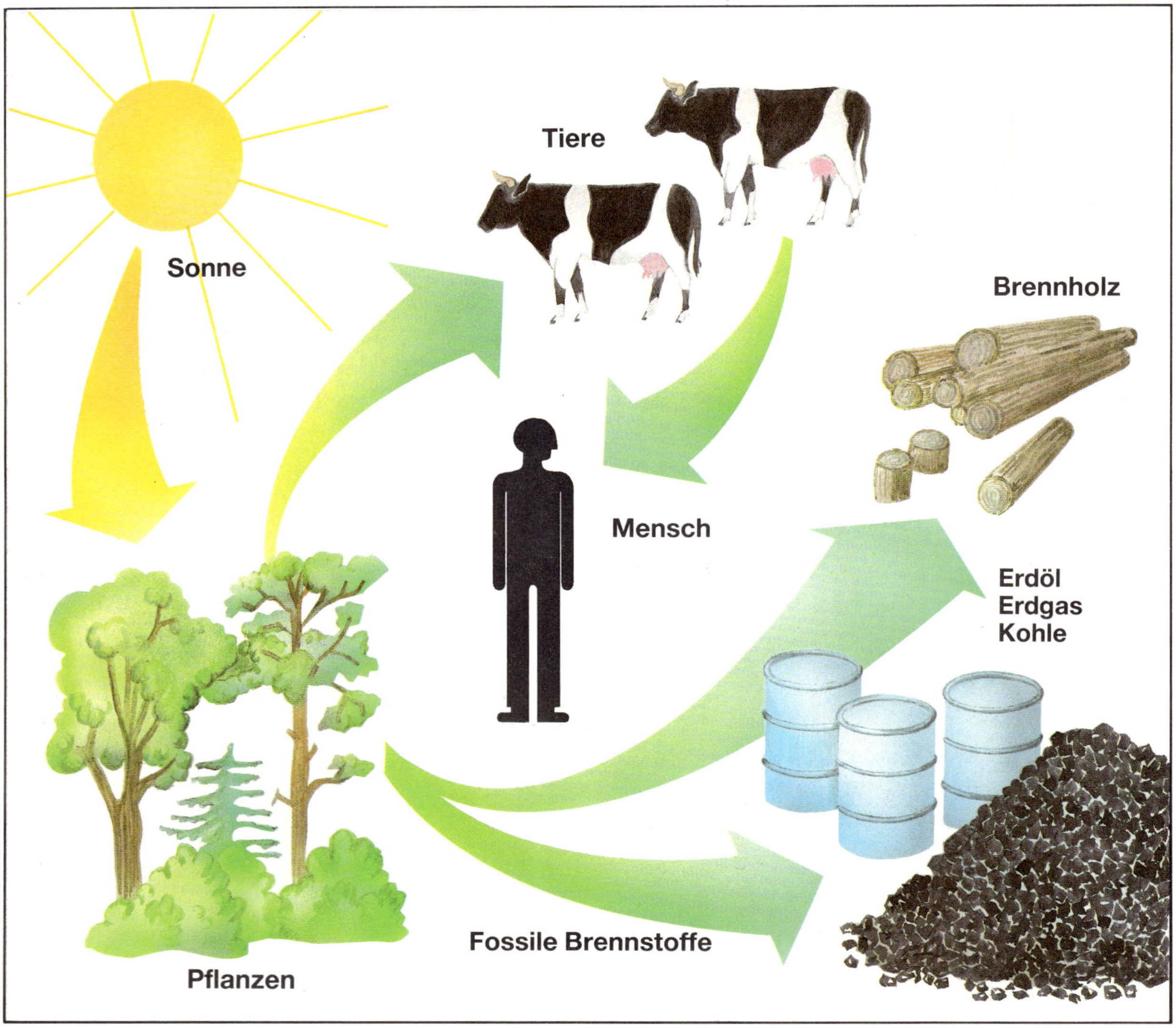

Die Pflanzen werden mit Hilfe von Sonnenenergie aufgebaut. Auch Tier und Mensch leben letzten Endes von den pflanzenbildenden Sonnenstrahlen, die auch die Energie für die Entwicklung der fossilen Brennstoffe Kohle und Erdöl geliefert haben.

Strahlt die Sonne immer gleich stark?

Unsere Sonne leuchtet zum großen Glück für die irdischen Lebewesen seit Jahrmilliarden immer etwa gleich stark. Schon 5 Prozent weniger Sonnenstrahlung würden eine neue Eiszeit, 10 Prozent weniger eine totale Vereisung und Vergletscherung bedeuten. So ganz genau nimmt es die Sonne aber mit der Regelmäßigkeit nun auch wieder nicht. Neben kleinen, kurzfristigen Schwankungen um 0,1 Prozent und den mit dem Sonnenfleckenzyklus einhergehenden Änderungen scheint es in den letzten Jahrhunderten auch längere große Ruhepausen und stürmische Zeiten im Leben unseres Tagesgestirns gegeben zu haben. Besonders gute Überlieferungen haben wir vom sogenannten Maunder-Minimum zwischen 1650 und 1710. In dieser Zeit war die Sonne nicht ganz so leistungsstark wie sonst. Es traten kaum Sonnenflecken und Polarlichter auf. Die Winter waren lang und bitter kalt, die Kinder konnten in Deutschland Monate lang Schneemänner bauen und Schlitten fahren. Genau umgekehrt verhielt sich die Sonne im großen Mittelalterlichen Maximum zwischen 1100 und 1250. Sie war besonders aktiv und strahlte extrem stark, so daß man in Norwegen Wein anbauen konnte und Grönland wirklich „grön“, also grün war. Sicher hätte man in dieser Zeit auch unvorstellbar große und zahlreiche Sonnenflecken sehen können, wenn man schon Fernrohre gehabt hätte. Zum Teil wurden solche Riesenflecken mit bloßem Auge gesichtet, besonders im alten China des 12. Jahrhunderts. Die Flekken sind ja nur ein Ausdruck des „allgemeinen Zustandes“ der Sonne. Bei großer Fleckenzahl gibt es auch eine hohe Energieproduktion, gewaltige Eruptionen und einen verstärkten Sonnenwind. Es ist möglich, daß unsere Sonne durch ähnliche, aber noch etwas stärkere Schwankungen ihrer Energieproduktion auch für die großen Eiszeiten der Erdgeschichte verantwortlich ist. Allerdings gibt es für die Eiszeiten noch viele andere Ursachen, die wahrscheinlich alle zusammenwirken.

Was macht die Erde mit der vielen Sonnenenergie?

Etwa 36 Prozent der Sonnenenergie werden von den Wolken und der Erdoberfläche direkt zurückgeworfen, 19 Prozent werden von der Lufthülle, 30 Prozent von den Ozeanen und 15 Prozent von den Kontinenten aufgenommen und später als Wärme wieder abgestrahlt. Nur 0,2 Prozent der Sonnenkraft stecken in Wind und Meeresströmungen. Ganze 0,1 Prozent schließlich reichen aus, jährlich rund 200 Milliarden Tonnen pflanzlichen Lebens aufzubauen. Alle Früchte, die wir essen, unser Brennholz, alle Blumen und Meeresalgen sind mit Hilfe der Sonne entstanden und selbst ein Stück gespeicherte Sonnenenergie. Auch bei Benzin, Kohle und Heizöl, den sogenannten fossilen Brennstoffen, ist es nicht anders. Sie sind ja Reste früherer Lebewesen, die ihre Entstehung auch nur der Sonne verdanken.

Die Zukunft unserer Sonne

Wie lange wird die Sonne noch scheinen?

Wir wissen, daß unsere Sonne für 10 bis 11 Milliarden Jahre Brennstoff besitzt. Um vorhersagen zu können, wie lange die Sonne etwa noch leuchten wird, müssen wir genau wissen, wie alt sie ist, welchen Teil ihres Lebens sie also schon hinter sich hat. Leider kann man einem Stern sein Alter nicht genau ansehen, da er sich oft Jahrmilliarden lang kaum verändert. Allerdings weiß man, daß das Planetensystem gleichzeitig mit der Sonne entstanden ist. Die ersten Spuren früher Vergangenheit des Sonnensystems, z. B. alte irdische Gesteine, Meteoriten und Mondgestein, sind nie älter als fünf Mil-

Mondgestein und Meteorite lassen auf ein Sonnenalter von knapp 5 Milliarden Jahren schließen.

liarden Jahre. Dieses Alter nimmt man auch für unsere Sonne an, was durch andere Untersuchungen gut bestätigt wird. Da unser Stern für rund 10 bis 11 Milliarden Jahre Brennstoff hat, kann man sagen, daß er etwa in der Mitte seines Lebens steht. Die Sonne hat noch für über fünf Milliarden Jahre die Kraft, uns Licht, Wärme und Nahrung zu spenden. Selbst wenn es noch fünf Millionen Jahre lang Menschen geben sollte, wird die Sonne tausendmal älter als die gesamte Menschheit werden!

Was geschieht, wenn der Sonnenofen ausgebrannt ist?

Am Ende ihres Lebens wird sich die Sonne nicht einfach langsam abkühlen, wie man früher annahm. Sterne sterben nicht still, sondern enden mit einem gewaltigen Todeskampf. Wenn der Kern der Sonne fast ausgebrannt ist, frißt sich das atomare Feuer langsam nach außen. Unsere Sonne, die jahrmilliardenlang immer ungefähr gleich groß war, wird sich dann zu einem gewaltigen Roten Riesenstern aufblähen, der die Planeten Merkur und Venus verschlucken und unsere Erde auf über 1000 Grad erhitzen wird. Alles Leben auf unserem Planeten wird dann längst ausgelöscht, das Weltmeer verdampft sein. Kein irdischer Forscher wird den riesigen roten Sonnenball mehr beobachten können. Noch einmal kann die Sonne kurz neue Hoffnung schöpfen. In ihrem Inneren entsteht eine neue Energiequelle, aus Helium werden schwerere Atome aufgebaut. Aber auch dies ist schnell vorüber. Während die äußere Sonnenhülle abgestoßen wird, schrumpft der Kern zu einem superdichten Sternenrest, einem sogenannten Weißen Zwerg zusammen. Ein Fingerhut voll Weißer-Zwerg-Materie hat die Masse von mehreren Tonnen. Obwohl wir Menschen erst seit rund 400 Jahren moderne naturwissenschaftliche Forschung betreiben, können wir doch das jahrmilliardenlange Leben von Sonnen überblicken. Glücklicherweise gibt es ja unermeßlich viele Sterne in allen Lebensaltern. Werdende junge Sonnen zeigen sich dem Astronomen ebenso wie Sonnen in den besten Jahren oder im Todeskampf. Auch „Sternleichen“, die Weißen Zwerge, und die noch viel dichter gepackten Neutronensterne hat man in großer Zahl gefunden.

Am Ende ihres Lebens wird die Sonne zu einem Roten Riesenstern.

Über der glühenden und ausgedörrten Erde wird eine riesige, rote Sonne strahlen.

Wird die Sonne ein Schwarzes Loch?

Häufig hört man, die Sonne würde ihr Sternenleben als „Schwarzes Loch“ beenden. Nun sind Schwarze Löcher wirklich Sternreste, allerdings wird nur aus sehr massereichen Sternen ein solches Gebilde, das für immer unsichtbar ist. Kleinere Sterne wie unsere Sonne schrumpfen zu Weißen Zwergen zusammen, die mit 1 Tonne pro Kubikzentimeter zwar auch sehr dicht gepackt sind, aber das Licht im Gegensatz zu einem Schwarzen Loch nicht festhalten können.

Könnte ein Raumfahrer auf einem Weißen Zwerg landen und einen Eimer Materie aus ihm herausschöpfen, so würde er eine Masse von rund 10 000 Tonnen in den Händen halten.

Der Ringnebel in der Leier. Hier ist ein sonnenähnlicher Stern untergegangen. Seine äußere Hülle wird abgestoßen, im Zentrum bildet sich ein weißer Zwerg, ein superdichtes Materiepaket.

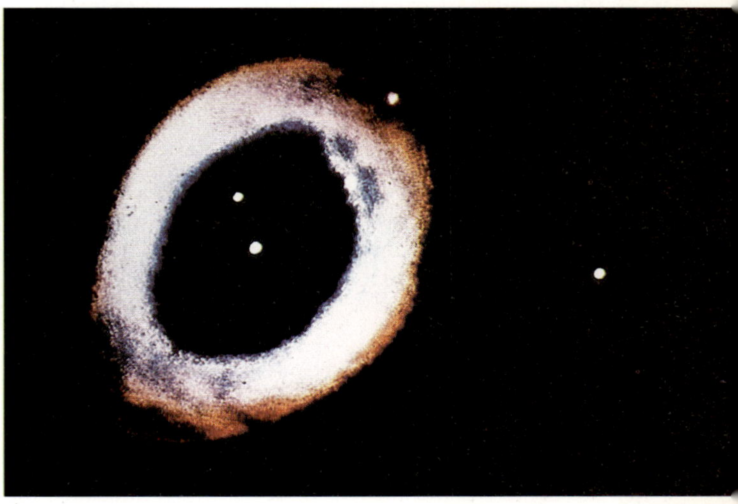

Ein solcher Zusammenstoß ist sehr unwahrscheinlich, da die anderen Sterne sehr weit entfernt sind. Stellt man sich in einem Modell die Sonne als Kirsche vor, so sind im selben Maßstab die Nachbarsterne Äpfel, Nüsse oder Kirschen in rund 500 km Entfernung. Auch die Planeten, die sich auf stabilen Bahnen um die Sonne drehen, können nicht in diese hineinstürzen. Der Zusammenstoß mit einem Schwarzen Loch, das wie ein böser Parasit unseren Mutterstern aussaugt und zerstört, ist ebenfalls sehr unwahrscheinlich. Noch nie hat man so etwas bei unseren Nachbarsternen gesehen, auch unsere Sonne hat in den letzten fünf Milliarden Jahren keinen solchen Zusammenstoß erlebt.

Kann die Sonne mit anderen Sternen zusammenstoßen?

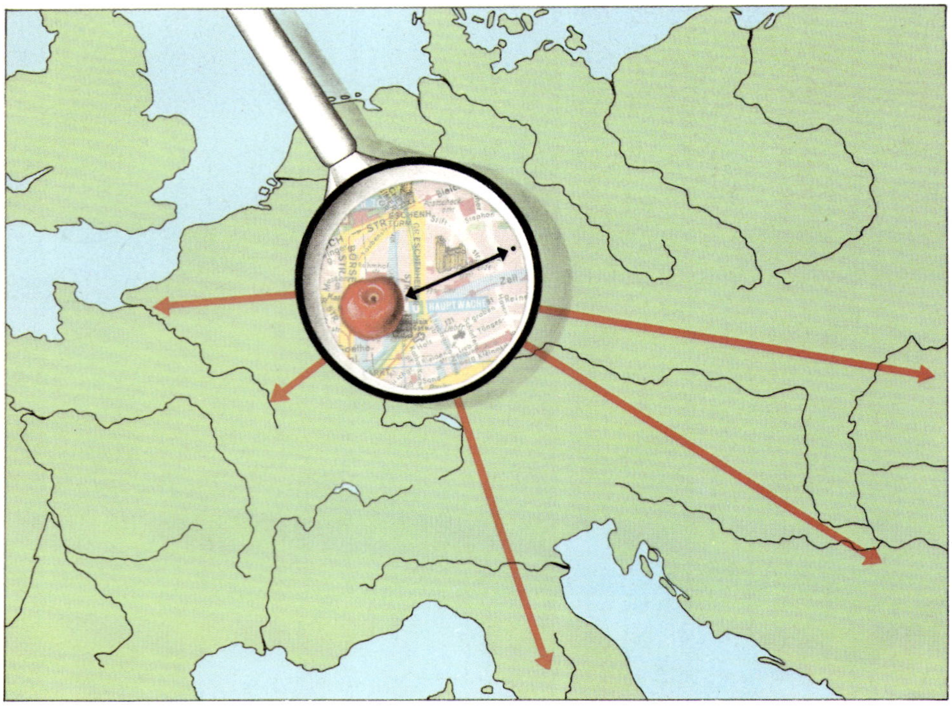

Stellt man sich unsere Sonne als Kirsche in Frankfurt vor, so liegen ihre nächsten Nachbarn in Italien, Frankreich oder Jugoslawien. Die Sterne sind also sehr dünn gesät. Zusammenstöße sind so gut wie unmöglich.

Zunächst muß man bedenken, daß unsere Sonne noch etwa fünf Milliarden Jahre zu leben hat, wo hingegen komplizierte Lebewesen relativ schnell aussterben. Man denke nur an die Saurier und Mammuts. Unsere Sonne wird wahrscheinlich viel länger leben als die ganze Menschheit. Sollten sich jedoch Menschen oder andere intelligente Wesen wider Erwarten noch fünf Milliarden Jahre auf unserem Planeten halten, so müßten sie bis dahin Techniken erfinden, die es ihnen ermöglichen, fremde Planeten in fremden Sonnensystemen in Besitz zu nehmen und menschengerecht umzuformen.

Kann es nach dem Tod der Sonne noch Menschen geben?

Das klingt natürlich wie besonders phantasievolle Science Fiction. Man darf jedoch nicht vergessen, daß von der Erfindung des Fernrohrs bis zur Raumfahrt nur ganze 350 Jahre vergangen sind, aber noch 5000 Millionen Jahre vor uns liegen. Wir brauchen also das Ende der Sonne nicht zu fürchten, im Gegenteil, sie ist unsere größte und vielleicht einzige Chance, langfristig zu überleben.

Die Reihe wird fortgesetzt.